MARCO POLO

Masurische Seen

Reisen mit Insider Tipps

Diesen Führer schrieben Gabriele Lesser, Polen-Korrepondentin der Tageszeitung (Berlin) und des Tages-Anzeigers (Zürich), und Eva Krafczyk, Polen-Korrespondentin der dpa. Beide leben in Warschau.

marcopolo.de

Die aktuellsten Insider-Tipps finden Sie unter www.marcopolo.de, siehe auch Seite 96

MAIRS GEOGRAPHISCHER VERLAG

SYMBOLE

Insider Tipp **MARCO POLO INSIDER-TIPPS:**
Von unseren Autorinnen für Sie entdeckt

★ **MARCO POLO HIGHLIGHTS:**
Alles, was Sie an den Masurischen Seen kennen sollten

HIER HABEN SIE EINE SCHÖNE AUSSICHT

WO SIE JUNGE LEUTE TREFFEN

PREISKATEGORIEN

Hotels	
€€€	**über 56 Euro**
€€	**über 40 Euro**
€	**über 23 Euro**

Die Preise gelten für zwei Personen im Doppelzimmer pro Nacht. Frühstück ist nur bei höheren Preisklassen eingeschlossen.

Restaurants	
€€€	**über 17 Euro**
€€	**über 9 Euro**
€	**über 5 Euro**

Die Preise beinhalten ein dreigängiges Menü ohne Getränke.

KARTEN

[108 A1] Seitenzahlen und Koordinaten für den Reiseatlas Masurische Seen

[0] Objekte außerhalb des Kartenausschnitts

Eine Wanderkarte für die Umgebung des Spirdingsees finden Sie im hinteren Umschlag.

Zu Ihrer Orientierung sind auch die Orte mit Koordinaten versehen, die nicht im Reiseatlas eingetragen sind.

GUT ZU WISSEN

Umwelt **10** · Küss die Hand **15** · Ernst Wiechert **39**
Die Philipponen **43** · Piknik Country Festival **56**

INHALT

Die wichtigsten MARCO POLO Highlights

Sehenswürdigkeiten, Orte und Erlebnisse, die Sie nicht verpassen sollten

1. **Krutynia/Krutinna**
Naturgenuss: Kanuwanderung oder kurzer Bootsausflug auf dem beliebten Fluss polnischer Wassersportler (Seite 29)

2. **Mikołajki/Nikolaiken**
Das »masurische Venedig« ist zwar ein touristisches Zentrum, aber dennoch nicht überlaufen (Seite 29)

3. **Jezioro Nidzkie/Niedersee**
Schön einsam ist der mal blaue, mal tiefgrüne, wunderschöne See (Seite 40)

4. **Wojnowo/Eckertsdorf**
Noch heute kann man das Kloster der russischen Altgläubigen besuchen (Seite 42)

5. **Feste Boyen in Giżycko**
Die gewaltige Festung sollte einmal die Ostgrenze des Deutschen Reiches schützen (Seite 47)

6. **Fuledzki Róg**
Naturreservat mit riesigem Findlingsfeld und Panoramablick auf den Kissaino- und den Doben-See (Seite 49)

7. **Puszcza Borecka**
Im Borkener Forst gibt es kristallklare Waldseen, einsame Dörfer und viele Wildpflanzen und -tiere (Seite 50)

Malerisch: Mikołajki

Wallfahrtskirche in Święta Lipka

Bootsausflug auf der Krutynia

8 Wolfsschanze/Wilczy Szaniec
Hitlers Hauptquartier ist heute ein Denkmal für den Widerstand gegen den Nationalsozialismus (Seite 54)

9 Sądry
Aus dem 200 Jahre alten Bauernhaus und seinen Stallungen wurde ein Freilichtmuseum: Mazurska Chata (Seite 57)

10 Schloss der ermländischen Bischöfe in Reszel/Rössel
Wechselvolle Vergangenheit und schöngeistige Gegenwart (Seite 68)

11 Wallfahrtskirche Mariä Verkündigung in Święta Lipka
Um den schönen Barockbau in Heiligelinde ranken sich fromme Legenden (Seite 71)

12 Puszcza Rominncka
In der Rominter Heide kann man an der grünen Grenze zu Russland entlangwandern (Seite 76)

13 Stańczycki
Die ehemaligen Eisenbahnbrücken in Staatshausen galten Anfang des 19. Jhs. als Wunder der Technik (Seite 78)

14 Wanderung in der Johannisburger Heide
Dichte Wälder, verwunschene, kleine Seen und Dörfer, in denen die Zeit still zu stehen scheint (Seite 85)

15 Hodowla Pod Lipami
Der Bauernhof bei Święta Lipka ist nicht nur für Kinder interessant (Seite 93)

★ Die Highlights sind in der Karte auf dem hinteren Umschlag eingetragen

Entdecken Sie die Masurischen Seen!

Herzliche Gastfreundschaft im Wald- und Seenparadies

In Masuren, dem »Land der tausend Seen«, scheint die Zeit stehen geblieben zu sein. Pferdefuhrwerke holpern über das Kopfsteinpflaster uralter Eichen- und Buchenalleen, auf den Feldern wenden Bauern das duftende Heu, und über den vielen Seen ziehen Störche und Kormorane ihre Kreise. Rapsfelder leuchten goldgelb in der Sonne, Weizen und Hafer wiegen sich sacht im Wind, auf den Weiden dösen Kühe zwischen Kornblumen und rotem Klatschmohn. In den Gärten vor den Holzkaten und Backsteingehöften hängen Bäuerinnen ihre Wäsche zum Trocknen auf, im Hof gackern ein paar Hühner, und über die Dorfstraße watschelt eine schneeweiße Gänsefamilie. Masuren in Nordostpolen ist die »Grüne Lunge Polens« und genießt in Form von vielen Naturreservaten besonderen Schutz. In dieser unvergleichlichen Landschaft mit Tausenden von Seen und Wäldern, mit Sümpfen, Flüssen und Naturschutzgebieten dürfen keine umweltschädlichen Industrien angesiedelt werden. Die meisten Menschen leben von der Landwirtschaft und vom Tourismus. »Ferien auf dem Bauernhof« bedeutet in Masuren nicht nur Wandern, Rad fahren und Reiten, sondern vor allem Segeln, Surfen, Schwimmen und Tauchen. Die Strände an den idyllisch gelegenen Seen laden zum Baden ein, die Flüsse und Kanäle, durch die fast alle Seen miteinander verbunden sind, zu ausgedehnten Paddeltouren. Insbesondere junge Leute aus Europa und sogar Übersee sind fasziniert von Abenteuer, Natur und Sport rund um die Masurischen Seen. Wer will, kann bis zu einem Monat auf der Masurischen Seenplatte kreuzen, ohne ei-

Krutynia: Bei einer Paddeltour ist auch für Landgang gesorgt

Störche: ein häufiger Anblick

Geschichtstabelle

Ab 500 n. Chr. In Masuren siedeln sich die Galinder an, einer der zwölf pruzzischen Stämme

966 Fürst Mieszko I. lässt sich und sein Volk taufen; Gründung des polnischen Staates

997 Der katholische Bischof Adalbert wird von den heidnischen Pruzzen erschlagen, die er zum christlichen Glauben bekehren soll

1225 Konrad von Masowien ruft den Deutschen Orden gegen die Pruzzen zu Hilfe

13./14. Jh. Die Kreuzritter ermorden fast alle Pruzzen, errichten Festungsburgen, holen deutsche Siedler ins Land und gründen den Ordensstaat

1410 Schlacht bei Tannenberg/Grunwald. Die Kreuzritter werden vom polnisch-litauischen Heer vernichtend geschlagen

1525 Der letzte Hochmeister löst den Ordensstaat auf und unterstellt das nunmehr weltliche Herzogtum Preußen der polnischen Krone

1772–1918 Nach drei Teilungen ist der polnische Staat ausgelöscht und unter Russland, Preußen und Österreich aufgeteilt

1850–1940 Wirtschaftliche Blüte in Masuren, ausgelöst durch den Eisenbahnbau

1914/15 In der Schlacht von Tannenberg schlägt General von Hindenburg das russische Heer

1918 Polen wird wieder ein souveräner Staat

1920 Gemäß Versailler Vertrag stimmen die Bewohner West- und des südlichen Ostpreußens darüber ab, ob sie den Anschluss an Polen wünschen. Über 97 Prozent der Masuren stimmen für Ostpreußen

1939–1945 Polen ist von deutschen und bis Sommer 1941 von sowjetischen Truppen besetzt. Dem Naziterror fallen 6 Mio. Polen zum Opfer, darunter 3 Mio. Juden

1945 Im Frühjahr besetzt die Rote Armee Ostpreußen. Die Deutschen fliehen oder werden vertrieben. Polen wird mit einem Drittel seines Landes nach Westen verschoben. Masuren wird polnisch

1980 Die freie Gewerkschaft Solidarność entsteht

13.12.1981 General Woijciech Jaruzelski ruft das Kriegsrecht aus

1990 Lech Wałęsa, der Arbeiterführer von Danzig, wird Staatspräsident

1999 Polen wird Nato-Miglied

2001 Leszek Miller löst Jerzy Buzek als Premierminister ab

Kanufahrer kommen auf den vielen Seen und Flüssen voll auf ihre Kosten

nen Hafen ein zweites Mal anzusteuern. Die Krutynia/Krutinna, eine der populärsten Kajakrouten in Polen, kann man in einer Zehn-Tagesfahrt hinunterpaddeln. Sie fließt durch die ausgedehnten Waldgebiete der Puszcza Piska/Johannisburger Heide, durch mehrere Seen, an hügeligen Wiesen und kleinen Dörfern entlang bis zur Stadt Ruciane-Nida/Niedersee.

Masuren ist eine Region, die niemals feste politische Grenzen hatte. Das historische Masuren, das seinen Namen erst im 19. Jh. erhielt, liegt im Südosten des ehemaligen deutschen Ostpreußen. Das polnische Mazury ist größer und umfasst heute auch die südwestlich gelegene Region des Oberlandes rund um Ostróda/Osterode und die seenreiche Gegend um Suwałki im Osten. So gehört heute auch die frühere Ordensritterstadt Rastenburg (heute Kętrzyn) sowie Hitlers Hauptquartier Wolfsschanze in Görlitz (heute Gierłoż) zu Masuren.

»Masuren: das Land ohne Eile«

Literarisch liegt Masuren dort, wo »das Land ohne Eile beginnt«, wie es Arno Surminski, einer der bekanntesten Schriftsteller Masurens, in seiner »Reise nach Nikolaiken« schildert. Masuren sei ein Land, das »gerne die Zeit verschläft«. Das elektrische Licht sei dort ein Menschenleben später erfunden worden, das Telefon lange stumm geblieben, und auch die Ozeandampfer seien nicht bis zu den Masurischen Seen vorgedrungen. Die ersten Automobile, so erzählt Surminski weiter, hätten gar »ihren Dienst verweigert, als sie der masurischen Wildnis ansichtig wurden«.

Tatsächlich galt die Gegend im Mittelalter als »große Wildnis«. Hier wohnten die Galinder, einer der zwölf pruzzischen Stämme, die im 13. Jh. vom Deutschen Orden unterworfen und fast völlig ausgerottet wurden, da sie sich der Christianisierung widersetzten. Im Hotel »Galindia« am Beldahnsee können Gäste sich mit etwas Fantasie in diese Zeit zurückversetzen.

Im 14. Jh. siedelten sich hier sächsische und schlesische Kolonisten an, später auch Polen aus Pommern und dem Kulmer Land. Dazu kamen französische Hugenotten und evangelische Christen aus dem Salzburger Land. In Johannesburg (heute Pisz), in Lötzen/Giżycko und Rhein/Ryn entstanden Kreuzritterburgen des Deutschen Ordens. Der ins Land gerufene Nachbar wurde den polnischen Königen jedoch bald zu mächtig. Als Verhandlungen zu nichts führten, kam es 1410 zur großen Schlacht bei Tannenberg und Grünfeld (polnisch Grunwald), in der das polnisch-litauische Heer die Ordensritter vernichtend schlug. Nach dieser Niederlage und dem zweiten Thorner Frieden (1466) siedeln sich im preußischen Ordensland vor allem polnische Bauern aus Masowien an, einem polanischen Fürstentum (pola bedeutet Feld) aus der Umgebung des heutigen Warschau. Sie geben der Region schließlich ihren Namen – Masuren.

» Die Burgen der Kreuzritter «

Als zu Beginn des 16. Jhs. der letzte Ordenshochmeister Albrecht von Brandenburg den lutherischen Glauben annimmt, wird auch Masuren evangelisch. Albrecht wan-

Umwelt

Natur- und Landschaftsschutz werden in Masuren groß geschrieben

Dass Masuren auch heute noch wie zu Ostpreußens Zeiten das »Land der dunklen Wälder und kristallenen Seen« genannt werden kann, verdankt es der fehlenden Schwerindustrie. Es gibt mehrere Naturschutzparks, Reservate und Vogelschutzgebiete, wo sich Höckerschwäne, Kormorane, Kraniche und Seeadler zu Hause fühlen. In der Puszcza Piska/Johannisburger Heide und der Puszcza Borecka/Borkener Forst, der auch Borker Urwald genannt wird und das zweitgrößte Waldgebiet Polens darstellt, kann man nicht nur herrlich spazieren gehen, sondern auch viele Tiere (Wisente, Hirsche, Wölfe) in freier Wildbahn sehen. Seit der politischen Wende von 1990 ist auch viel für die Wasserqualität der Flüsse und Seen getan worden. Im ganzen Land – nicht nur in Masuren – wurden Kläranlagen gebaut, sodass das Wasser inzwischen überall klar und sauber ist. Die Seen und die kleineren »Himmelsaugen« leuchten – je nachdem wie die Sonne steht – türkisfarben, graphitgrau, smaragdgrün oder ultramarinblau. Das Auge kann sich gar nicht satt sehen an dieser Farbenpracht.

Bauernhaus im Mohnfeld: Hier scheint die Welt noch in Ordnung

delt den Ordensstaat in das weltliche Herzogtum Preußen um und leistet dem polnischen König Zygmunt I. den Lehenseid. Nach der Reichsgründung 1871 unter Bismarck setzt eine strenge Germanisierung ein: In den Schulen darf nicht mehr Masurisch gesprochen werden. Der »Volkstumskampf« beginnt. Doch auch die polnischen Masuren fühlen sich nicht zur 1918 neu gegründeten Republik Polen hingezogen. Nur ein Prozent der Bevölkerung Masurens spricht sich in der Abstimmung von 1920 für den Anschluss an Polen aus. Im Zweiten Weltkrieg lässt Hitler in den unzugänglichen Wäldern Ostpreußens eine riesige Bunkerstadt errichten, die Wolfsschanze, heute eine viel besuchte Ruinenstadt. Die Deutschen, die in Masuren gelebt hatten, flohen 1945 oder wurden vertrieben. Doch auch die polnischen Masuren zogen später nach und nach in die Bundesrepublik, da sie von den kommunistischen Machthabern als vermeintlich »Germanisierte« schikaniert wurden. Heute lebt in Masuren bereits die zweite und dritte Generation der Zugezogenen aus Zentral- und Ostpolen, Ukrainer, Weißrussen und Litauer sowie eine kleine deutsche Minderheit. Längst sind diese Menschen in Masuren heimisch geworden und schaffen, geprägt von den faszinierenden Naturschönheiten dieser Gegend, eine neue Kultur, die das Erbe der alten annimmt und weiterträgt. Wer mehr über die masurische Seele erfahren will, sollte die Erzählungen »So zärtlich war Suleyken« von Siegfried Lenz mit ins Reisepäck legen – eine »zwinkernde Liebeserklärung« an Masuren.

» Herrliche Landschaft, viel Kultur «

Bauernhöfe und Backsteinburgen

Der Tourismus ist die große Hoffnung der Region rund um die Masurischen Seen

Architektur

Deutlich sichtbare Zeichen für die über 600-jährige gemeinsame Geschichte von Deutschen, Litauern und Polen sind die Architekturdenkmäler rund um die Masurischen Seen. Friedhöfe aus der Zeit der Pruzzen zeugen ebenso von längst vergangenen Kulturen wie alte Wehrburgen. Ganz aus rotem Backstein gebaut sind die Burgen des Deutschen Ritterordens in Ryn/Rhein, Węgorzewo/Angermund und Giżycko/Lötzen. Sehenswert ist insbesondere die Burg in Ryn.

Charakteristisch für die masurische Architektur sind kleine Dorfkirchen aus dem 16. und 17. Jh. Die älteste (Ende 15. Jh.) kann man in Miłki/Milken bewundern. Sehenswert sind auch die Kirchen aus Natur- und Backstein in Mikołajki/Nikolaiken oder die 1827 erbaute evangelische Schinkel-Kirche in Giżycko.

Zwischen Dargein- und Mauersee liegt romantisch-herrschaftlich Schloss Sztynort/Steinort, ehemaliger Sitz der Grafen Lehndorff aus dem 17. Jh. Leider verfällt es seit Jahren. Der Park ist heute verwildert und kaum noch zugänglich.

Rund ein Viertel der Polen lebt von der Landwirtschaft

Zu den interessanten Architekturdenkmälern der Masurischen Seenplatte gehört auch die Wolfsschanze, das ehemalige »Führerhauptquartier« in Gierłoż/Görlitz bei Kętrzyn/Rastenburg und – wenige Kilometer weiter, in Giżycko – die Festung Boyen aus dem 19. Jh.

Ein bemerkenswertes technisches Bauwerk ist der nie vollendete Masurische Kanal, der vom Jezioro Mamry/Mauersee bis zur Łyna/Alle im Bezirk Kaliningrad/Königsberg führt. In Ryn und Sterławki Małe/Klein Stürlack drehen sich noch heute die Flügel holländischer Windmühlen aus dem 19. Jh. im Wind.

Armut

Das Wort *bieda* (Armut) hat in Masuren einen vertrauten Klang. Die Menschen hier leben seit Jahrhunderten von den eher kargen Erträgen der Landwirtschaft. Nur die Großgrundbesitzer hatten und haben bis heute die Chance, auch in Masuren zu Wohlstand und Anse-

Farbenfroh: In masurischer Tracht vor einem Bauernhaus

hen zu kommen. Früher waren dies die Kreuzritter und die Adligen. Ihnen gehörten meist mehrere Dörfer und oft über 1000 ha Land. Ritterburgen und prächtige, wenn auch meist verfallene Schlösser zeugen bis heute von diesem einst sagenhaften Reichtum. Die Tagelöhner, Kleinbauern oder Handwerker aber konnten froh sein, wenn sie ihr Auskommen fanden. Daran hat sich bis heute nichts geändert. Nach dem Zweiten Weltkrieg übergaben die Kommunisten Polens die Ländereien des deutschen Adels an kolchoseartige landwirtschaftliche Produktionsgesellschaften und an die polnischen Vertriebenen aus dem Osten, die hier eine neue Heimat fanden. 1990 wurden die meist hoch verschuldeten Kolchosen, inzwischen reine Zuschussbetriebe, aufgelöst. Zurück blieben zahlreiche Landarbeiter, die ohne jede Qualifikation keine Chance auf dem Arbeitsmarkt haben. Die Arbeitslosigkeit im Nordosten Polens ist die höchste im ganzen Land. Lediglich rund um die Masurischen Seen blüht ein neuer Wirtschaftszweig auf: der Tourismus.

Bauern

Rund ein Viertel der Polen lebt von der Landwirtschaft. In keinem anderen Land Europas sind noch so viele Pferde im Einsatz wie in Polen – knapp eine Million. In Masuren sieht man die Panjewagen besonders häufig. Gemächlich zockeln sie über das Kopfsteinpflaster der alten Alleen oder über die Feldwege von einem Dorf zum nächsten. Die Landwirtschaft Polens ist noch nicht so stark mechanisiert wie in den EU-Staaten. Auf den oft nur handtuchbreiten Feldern geht der Bauer hinter dem Pferdepflug her, die Bäuerin wendet das Heu mit der Heugabel, und die mithelfenden Kinder lesen die Kartoffeln mit der Hand aus den Furchen.

Die durchschnittliche Größe eines Bauernhofes in Polen liegt bei 7 ha. Das ist zu wenig, um damit etwas anderes als bloße Subsistenzwirtschaft zu betreiben. So leben die meisten Bauern von dem, was sie anbauen, und bringen die Überschüsse auf den nächsten Wochenmarkt oder zu den noch immer existierenden staatlichen Abnahmestellen. Rund um die Masurischen Seen versuchen immer mehr Bauern in der so genannten *agroturystyka* ein Zubrot zu verdienen, modernisieren ihre Bauernhäuser grundlegend oder bauen kleine Häuser am See, kaufen Segelboote und Räder für ihre Gäste. Furcht vor den Deutschen hat seit der Anerkennung der Grenze durch Gesamtdeutschland 1991 niemand mehr. An vielen Häusern steht sogar ausdrücklich »Zimmer frei« oder »Wir sprechen Deutsch«.

Bernstein

Der im Straßenhandel und in exklusiven Galerien rund um die Masurischen Seen feilgebotene Bernsteinschmuck lässt kaum vermuten, dass Polen rund 250 t Rohbernstein jährlich verarbeitet, etwa 85 Prozent des Schmucks ins Ausland exportiert und damit über 300 Mio. US-Dollar im Jahr verdient. Der polnische Bernsteinexport macht fast 60 Prozent des weltweiten Bernsteinhandels aus. Daher ist es wohl nicht nur der leuchtend goldenen Farbe des Bernsteins zuzuschreiben, dass das fossile Harz »Gold der Ostsee« genannt wird. Allerdings werden in Polen selbst jährlich nur rund 3 bis 7 t Bernstein gesammelt, gefischt oder im Tagebau gefördert. Der größte Teil des Rohbernsteins stammt aus dem Ausland, aus dem Bezirk Kaliningrad, aber auch aus Afrika. Polen sind Meister in der Verarbeitung von *bursztyn,* wie der Bernstein auf Polnisch heißt.

Küss die Hand

Ein Handkuss ist nach wie vor üblich – als höfliche Geste oder Andeutung zum Flirt

Ein joviales oder ironisches »Küss die Hand, gnä' Frau« werden junge Frauen in Polen nicht hören. Aber besonders in der älteren Generation wird die zum Gruß ausgestreckte Hand einer Frau noch galant an den Mund geführt, um einen Kuss anzudeuten. In Mode kam der Handkuss unter den Sachsenkönigen August II. und August III. im 17. und 18. Jh. Die Sitte verbreitete sich auch unter den Bauern und später unter den Arbeitern. Selbst im Kommunismus wurde der Handkuss als überkommene Begrüßungsform des Feudalismus nicht abgeschafft. Moderne polnische Frauen mögen den Handkuss zwar meist nicht, da die vermeintliche Ehrerbietung einer leeren Geste gleicht, doch ab und an wird er bewusst zu einem kleinen koketten Spiel genutzt, in dem eine Andeutung zum charmanten Flirt liegt.

Kirche

Masuren war lange Zeit eine Hochburg der Evangelischen Kirche. Als der Ordensstaat der Kreuzritter 1525 weltlich wurde, übernahmen auch die polnischen Untertanen des Herzogtums Preußen den Protestantismus und bildeten eine spezifische Frömmigkeit aus, zu der auch abergläubische und slawisch-katholische Bräuche zählten. Die Germanisierungspolitik der Preußen im 19. Jh. führte tatsächlich dazu, dass immer mehr polnische Protestanten Deutsch sprachen, was nach dem Zweiten Weltkrieg zur Folge hatte, dass die Katholiken Polens die Protestanten mit den Deutschen gleichsetzten. Die katholische Kirche besetzte nach 1945 einen Großteil der evangelischen Kirchen in Masuren, da diese aus Mangel an Gläubigen leer standen, die letzten fünf noch 1981. Die Evangelischen mussten in Friedhofskapellen ausweichen und hielten ihre Andachten immer öfter auch in Privathäusern ab, da die neuen evangelischen Pfarrer die Gottesdienste nur noch auf Polnisch abhielten. Die Polonisierungspolitik führte dazu, dass fast alle deutschen und polnischen Masuren nach Westdeutschland emigrierten. Heute ist wie überall in Polen die katholische Kirche in Masuren vorherrschend. Der sonntägliche Kirchgang ist fester Brauch, auch Pilgerzüge sieht man durch Wiesen und Felder ziehen. Dennoch hat die Kirche in den letzten Jahren viel an Einfluss auf die Gläubigen verloren. Viele hält nur Papst Johannes Paul II. in der Kirche.

Geschmücktes Wegkreuz

Literatur

Eine »zwinkernde Liebeserklärung« an Masuren sind die Geschichten von Siegfried Lenz in »So zärtlich war Suleyken«. Der Autor, 1926 in Lyck, heute Ełk, geboren, ist der berühmteste Schriftsteller, der sich nach 1945 mit Masuren und dem früheren Ostpreußen beschäftigte. Während Lenz in seinen Erzählungen von 1955 eine sympathisch-skurrile Welt heraufbeschwört, rechnet er in seinem Roman »Heimatmuseum« (1978) mit der nationalsozialistischen Zeit in Ostpreußen ab, zeigt auf, wie auch in Masuren die Menschen zu Mitläufern und Tätern wurden.

Auf der polnischen Seite ist es Konstanty Ildefons Gałczyński, der zu den bekanntesten Schriftstellern der Region gehört. Der bereits 1953 verstorbene Autor schrieb in einer Försterei in Pranie am Jezioro Nidzkie Gedichte wie »Niobe«,

Die MARCO POLO Bitte

Marco Polo war der erste Weltreisende. Er reiste in friedlicher Absicht, verband Ost und West. Er wollte die Welt entdecken, fremde Kulturen kennen lernen, nicht zerstören. Könnte er heute für uns Reisende nicht Vorbild sein? Aufgeschlossen und friedlich sollte unsere Haltung auf Reisen sein. Dazu gehören auch Respekt vor Mensch und Tier und die Bewahrung der Umwelt.

»Veit Stoss« und die »Allensteiner Chronik«. Berühmt geworden ist Gałczyński durch skurrile Theaterstücke wie »Die grüne Gans, das kleinste Theater der Welt«.

Lesenswert sind auch das »Ostpreußische Tagebuch« von Hans Graf von Lehndorff und die Jugenderinnerungen Wolfgang Koeppens an Ortelsburg »Es war einmal in Masuren«. Zu den Ostpreußen-Klassikern gehören die Bücher von Marion Gräfin Dönhoff: »Namen, die keiner mehr nennt« und »Kindheit in Ostpreußen«. In dem Hörbuch »Mit Marion Gräfin Dönhoff durch Masuren«, einem Reisetagebuch von 1941, das die damals 32-Jährige für ihren Bruder Dietrich verfasste, beschreibt sie den langen Reitausflug mit ihrer Cousine Sissi Lehndorff durch die wunderschöne Landschaft Masurens mit ihren Eigenbrötlern und Sonderlingen.

Eine Reise ins Land seiner Kindheit hat der Fernsehjournalist Klaus Bednarz unternommen: »Fernes nahes Land, Begegnungen in Ostpreußen« (1995). Auch Ralph Giordano hat sich Mitte der 90er-Jahre, als die Grenze nach Kaliningrad/Königsberg geöffnet wurde, auf den Weg gemacht. Anders als die übrigen Autoren spürt Giordano in seinem Buch »Ostpreußen ade. Reise durch ein melancholisches Land« auch den Spuren der ostpreußischen Juden nach.

Minderheiten

In kaum einer Gegend Polens leben so viele Minderheiten zusammen wie in Masuren: Deutsche, Litauer, Weißrussen, Ukrainer, Russen und Roma. Von den Juden, die vor dem Zweiten Weltkrieg vor allem in den größeren Städten wie Ełk/Lyck, Giżycko/Lötzen, Gołdap/Goldap, Kętrzyn/Rastenburg, Olecko/Treuburg, Pisz/Johannisburg, Ryn/Rhein und Szczytno/Ortelsburg wohnten, hat kaum jemand überlebt. In manchen Städten wie in Szczytno wird seit einigen Jahren der jüdische Friedhof wieder instand gesetzt und gepflegt. Doch das Bewusstsein, dass auch zerstörte oder verlorene Kultur ein europäisches Kulturerbe ist, das es zu erhalten gilt, wächst erst langsam. Immerhin trauen sich die nationalen Minderheiten aber inzwischen, sich auch öffentlich zu ihrer Kultur zu bekennen und sie wieder zu pflegen. Nach anfänglichen Irritationen, die das neu erwachte Selbstbewusstsein der masurischen Deutschen, Ukrainer und Litauer bei den Polen auslöste, leben wieder alle in Frieden zusammen und schätzen sich gegenseitig.

BELJE

Suppe, Piroggen, Tee und Wodka

Masuren kochen und essen für ihr Leben gern und gut – dafür lassen sie sich auch viel Zeit

Polen war über Jahrhunderte ein Vielvölkerstaat. Zur traditionellen polnischen Küche gehörten daher immer auch russische und litauische Gerichte, deutsche, jüdische, ukrainische und österreichische. Bis heute sichtbar sind diese Einflüsse insbesondere bei den Vorspeisen, dem Karpfen oder dem Hühnchen in Aspik, den zahlreichen Fischsalaten, den Pastetchen und vor allem den köstlichen Suppen. Polen nehmen sich viel Zeit für die Hauptmahlzeit des Tages. Alles muss frisch zubereitet werden. Damit alle gemeinsam essen können, setzt man sich erst gegen 14 oder 15 Uhr an den Tisch, aber es kann auch schon mal 17 Uhr werden. Dann gibt es am Abend nur noch *kanapki,* kleine, belegte Brote, Salzgürkchen und marinierte Pilze oder Maiskölbchen.

Am Mittag aber steht die Suppe im Vordergrund. Eine der berühmtesten ist *barszcz,* die süß-saure Rote-Beete-Suppe, auf der ein kleines Sahnehäubchen oder pilzgefüllte *uszki* (kleine Klößchen) schwimmen. Oft wird sie auch pur serviert mit einer fleischgefüllten Blätterteigpastete auf einem separaten Teller. Köstlich ist auch *kapuśniak,* eine Sauerkrautsuppe, die ihren raffinierten Geschmack fein geschnittenem Lauch und krossen Fleischwürfeln verdankt. Sehr beliebt ist *krupnik,* eine Graupensuppe mit Möhren, Lauch, Sellerie und einem Lorbeerblatt, oder auch *żurek,* eine saure Gemüsesuppe mit gegorenem Roggen- oder Weizenmehl (dem *zur),* mit viel Knoblauch und knusprigem Speck. Im Sommer wird gern *chłodnik,* eine Kaltschale, gegessen, entweder rosa (Rote-Beete-Suppe mit Kefir), weiß (Gurken-Kefir-Suppe mit Knoblauch und viel Dill) oder auch hellgrün (Spinat-Kefir-Suppe).

Mühlenrestaurant bei Kętrzyn

Andere beliebte Vorspeisen sind Karpfen oder Hühnchen in Aspik, geräucherter Lachs oder Hering, für den es Hunderte von Zubereitungsarten zu geben scheint.

Das Hauptgericht besteht meist aus Schweine- oder Rinderbraten mit Kartoffeln. Oft wird dazu *zestaw surówek* gereicht, ein Teller mit drei oder vier Rohkostsalaten. Mit Gemüse tun sich die Polen noch etwas schwer. Im Restaurant sollten Sie *schab* und *wolowina* eher meiden, da diese Fleischgerichte meist langweilig-lieblos zubereitet werden. Auch das *sznycel* ist nur dann

Polnische Spezialitäten

Lassen Sie sich diese Köstlichkeiten gut schmecken!

Potrawy (Speisen)

barszcz – Rote-Bete-Suppe, oft mit saurer Sahne

budyń makowy – Mohnpudding

gołąbki – Krautrouladen, gefüllt mit würzigem Hackbrät

golonka – kross gebratenes Eisbein mit Sauerkraut und Kartoffeln

indyk – gebratene Truthahnbrust oder -filet

kaczka z jabłkami – kross gebratene Entenbrust mit Äpfeln und Preiselbeeren

kapuśniak – würzig-saure Sauerkrautsuppe

karp po żydowsku – Karpfen mit Rosinen, Äpfeln und Möhren in Aspik

kulebiak – würzige Pastete mit Kohl und Pilzen

łosos wędzony – Räucherlachs, oft mit leicht süßer Sahne

makowiec – Mohnkuchen

mazurek – Mürbekuchen, gefüllt mit Datteln, Sultaninen und Nüssen

myśliwska – Hartwurst aus Schweine- und Wildfleisch, meist mit Knoblauch

naleśniki – Crêpes, oft mit Rosinen-Quark-Füllung oder bitterer Orangenmarmelade

nóżki w galarecie – Hühnerbeinchen in Aspik, manchmal ist das »Beinchen« auch vom Schwein

placki ziemniaczane – Kartoffelpuffer, oft *po węgiersku* mit Rindergulasch und saurer Sahne

pstrąg – gebratene Forelle, meist mit Bratkartoffeln und Gurkensalat

rosoł – Rinder- oder Hühnerbouillon, oft mit fleisch- oder pilzgefüllten Pastetchen

sarna – Rehbraten, meist mit Kartoffeln oder Graupen *(kasza)*

zając – Hasenbraten

zrazy zawijane – pilzgefüllte Rouladen mit saurer Sahne und *kasza*

Napoje (Getränke)

kompot – Saft aus gekochten Früchten, am besten eiskalt

miód pitny – heißer Trinkhonig

wódka krupnik – Honig-Wodka

wódka wyborowa – der »Ausgewählte«, klarer Wodka

wódka Żubrówka – Wodka mit einem Halm Büffelgras aus dem Bialowiza-Urwald

ein echtes Schnitzel, wenn »auf Wiener Art« dabei steht. Sie sollten sich also nicht wundern, wenn Sie *sznycel* bestellen und eine Bulette mit Ketchup erhalten. Das kann Ihnen übrigens auch beim *kotlet* passieren. Auf der sicheren Seite sind Sie hingegen immer bei Ente, Truthahn, Hähnchen oder Fisch.

Ein regelrechtes Festessen ist – so merkwürdig das klingen mag – ein Reste-Eintopf aus Sauerkraut, Kohl, Fleisch- und Wurststückchen. *Bigos* ist das Nationalgericht der Polen. Richtig gut ist er erst nach dem fünften Aufkochen. Lorbeerblätter, Koriander, Wildbret, Pfifferlinge und viel Rotwein geben *bigos* einen unvergleichlichen Geschmack.

Fisch wird in Masuren an jeder Straßenecke verkauft, meist direkt *z rusztu* (vom Rost), aber auch raffiniert zubereitet in den besseren Restaurants. Zu den beliebtesten Fischen in den Masurischen Seen gehören Forellen, Maränen, Hechte, Barsche, Zander, Schleien und Lachse. *Smazalnie ryb* (Fischbrätereien) liegen meist direkt an einem Fischteich und bieten ein oder zwei Fischarten an, die man gegen eine geringe Gebühr auch selbst angeln und zubereiten kann. Wer gerade Appetit auf einen anderen Fisch hat, muss weiterfahren zur nächsten *smazalnia* oder in ein gutes Restaurant gehen. Dort kann man beispielsweise »Fisch im Friesenpelz« *(ryba w stormiaku)* kosten, der in einem Pergamentmantel gebacken wird und so sein ganzes Aroma, das der Gewürze und eventueller Gemüsezutaten besonders intensiv entfalten kann. Lecker sind auch heiße Hechtbällchen in Meerettichsoße mit frischem Dill oder – etwas ungewohnt im Geschmack – süßsaurer Karpfen mit Mandeln und Rosinen.

Ganz ausgezeichnet sind auch *pierogi* (Piroggen), Teigtäschchen, gefüllt mit einer würzigen Kartoffel-Quark-Mischung, mit Pilzen, Spinat oder Fleisch. Meist werden sie mit einem Löffel zerlassener Butter übergossen oder mit gebratenen Zwiebel- oder Speckwürfeln bestreut.

Zum Dessert gibt es oft Mohn- oder Buchweizenpudding, heißen Apfelstrudel mit Vanilleeis, Waffeln in allen Variationen oder Käsekuchen. Und danach natürlich – zur besseren Verdauung – ein Gläschen eiskalten Wodka. Die Auswahl ist meist verwirrend groß, darunter finden sich auch solch ungewöhnliche Sorten wie der *Wisnowka* (süßer Kirschwodka) oder *Pieprzowka* (scharfer Pfefferwodka).

Zum Essen selbst trinken Polen meist Wasser oder *kompot,* in dem eine Erdbeere oder eine Kirsche schwimmt. Auch Bier *(piwo)* wird immer populärer, beliebt sind die heimischen Sorten *Żywiec, Okocim* und *EB.* Wein wird, wenn überhaupt, abends getrunken. Er ist durch den hohen Importzoll wesentlich teurer als im Westen. Gut und erschwinglich sind hingegen die meisten bulgarischen Weine.

Das Lieblingsgetränk der Polen ist aber der Tee *(herbata),* der meist mit viel Zucker und Zitrone getrunken wird. Gewöhnungsbedürftig ist die Sitte, den Kaffee *(kawa)* direkt im Glas aufzubrühen und dann darauf zu warten, dass sich der Satz auch setzt und das Glas wieder Anfass-Temperatur erreicht. Eine Tasse Kaffee, gefiltert oder als Espresso, erhält man in guten Restaurants oder Cafés.

Bernstein, Silber und Holzfiguren

Masurisches Kunsthandwerk schließt nicht nur das »Gold des Nordens« ein

Durch Masuren verlief einst die Bernsteinstraße, und auch heute kann man hier an beinahe jeder Straßenecke den goldgelben Traditionsschmuck erwerben. In meist kleinen und exklusiven Galerien finden Sie moderne Bernstein- und Silbercolliers, darunter oft sehr ausgefallene und auch witzige Formen. Aus Bernstein werden auch Schatullen gefertigt, Zigarettenspitzen und Brieföffner. Sehr edel, aber auch sehr teuer sind Bilderrahmen aus dunklen und hellen Bernsteinmosaiken.

Auf Wochen- und Jahrmärkten, insbesondere aber in den zahlreichen Heimatmuseen, können Sie skurrile Holzfiguren erwerben, die einst von Bauern an den langen Winterabenden am Küchentisch geschnitzt wurden. Ebenso wunderschön bestickte oder geklöppelte Tischdecken. In den kleinen Museen kann man häufig sogar zusehen, wie auf alten Webstühlen ein Wandteppich oder ein Bettüberwurf entsteht, beispielsweise im *Museum für Volkskultur in Węgorzewo/Angerburg.*

Außer Bernstein gibt es noch andere nette Mitbringsel aus Masuren – wie diese geschnitzen Holzfiguren

Berühmt ist Masuren auch für seine originellen Strickpullover sowie die aufwändig bestickten Blusen und Kopf- oder Umhängetücher.

Antiquitäten gibt es in Masuren kaum. Auch die eigentlich überall in Polen anzutreffenden *Cepelia*- und *Desa*-Läden, die Möbel und Kunsthandwerk aus allen Landesteilen anbieten, finden Sie nur in den Touristenzentren Mikołajki/Nikolaiken, Giżycko/Lötzen oder Węgorzewo.

Dafür gibt es inzwischen aber eine reiche Auswahl an wunderschönen Bildbänden – über die Naturschönheiten der Region, die alten Schlösser und Gutshäuser im südlichen Ostpreußen, von denen die meisten inzwischen allerdings Ruinen sind. Oder auch über den berühmten Oberlandkanal, wo die Schiffe immer mal wieder auf Schienen über einen kleinen Berg fahren. Die meisten Bände liegen in mehreren Sprachen vor.

Seit kurzem werden auch riesige Poster von der wunderschönen Seenlandschaft, den Weiß- und Schwarzstörchen auf ihren Nestern oder den Kormoranen, wie sie eine ihrer Inseln auf der Masurischen Seenplatte anfliegen, angeboten.

Feste, Events und mehr

Ritterspiele und Johannisnacht, heißer Jazz und Countrymusik

Sollten Sie für ein verlängertes Osterwochenende nach Masuren kommen, wundern Sie sich nicht, dass sich hier alle gegenseitig

Junge Frau in Nationaltracht

mit Wasser bespritzen und Sie womöglich auch etwas abbekommen: Sie sind mitten in den *śmingus dyngus* geraten, einen Osterbrauch, der mit der Wiederauferstehung so viel zu tun hat wie der Osterhase, der die bunt bemalten Eier am Tag zuvor versteckt hat. Im Sommer werden Ihnen auf der Straße mitunter Ritter in mittelalterlichen Rüstungen begegnen, was nichts mit Dreharbeiten oder irgendeiner Reklame zu tun hat, sondern mit dem Faible der Polen für Ritterspiele. Die vielen Burgen der Kreuzritter laden ja auch dazu ein.

Feiertage

1. Januar *Neujahr;* **März/April** *Ostersonntag und -montag;*
1. Mai *Tag der Arbeit;* **3. Mai** *Jahrestag der Verfassung vom 3. Mai 1791;* **2. Juni** *Fronleichnam;*
15. August *Mariä Himmelfahrt;*
1. November *Allerheiligen;*
11. November *Unabhängigkeitstag von 1918;* **25./26. Dezember** *Weihnachten*

Feste und Events

Januar–März

Insider Tipp *Pferdeschlitten- und Eissegelrennen* auf den zugefrorenen Seen zwischen Mikołajki/Nikolaiken, Giżycko/Lötzen und Węgorzewo/Angerburg.

Juni

Internationale Tage der Region Bartoszyce/Bartenstein Konzerte von Folklore- und Blasmusikgruppen
Johannisnacht: In der kürzesten Nacht des Jahres, am 23. Juni, werden wagenradgroße Kränze mit brennenden Kerzen auf die Reise zum Meer geschickt.

Juli

Festival der Kultur der polnischen Ostgebiete (heute Ukraine, Weißrussland und Litauern) in Mrągowo/Sensburg.
Kulturtage von Mrągowo: Kunstausstellung regionaler Künstler, erstes Juli-Wochenende
Schlacht von Grunwald Jedes Jahr stürzen sich am 14. Juli Tausende von »Rittern« in die Schlacht von Tannenberg/Grunwald und besiegen wie 1410 das Heer des Deutschen Ordens. Das Spektakel wird im Fernsehen übertragen und zieht Zehntausende von Touristen an. 13.–15. Juli
Hafenfestival mit Shantys, Countrymusik und Blues in Mikołajki.
Goldaper Tage Wahl der Miss Goldap, Hubschrauber-Rundflüge und Ballonfahrten
Shanty-Festival in Giżycko/Lötzen: Konzerte zum Mitsingen, Volksfestcharakter. Mitte Juli
Countrymusik-Wochenende in Giżycko: Konzerte, man kommt mit Mottorrad und Westernklamotten. Ende Juli
Niedersee-Tage mit einer Reihe von Konzertveranstaltungen am Jezioro Nidzkie/Niedersee, Ende Juli.
Haltestelle Olecko Familienfreundliches Pop-Festival in Treuburg. Ende Juli

Juli-August

Insider Tipp *Piknik-Country:* Internationales Festival der Countrymusik in Mrągowo.
Orgelkonzerte an jedem Wochenende in Święta Lipka/Heiligelinde

August

Masurisches Folkloretreffen in Olecko/Treuburg.
Internationales *Old-Jazz-Festival* »Goldenes Waschbrett« in Iława.
Insider Tipp *Ritterturnier* in Szczytno/Ortelsburg: Während ihres jährlichen Treffens probt die »Ritterbruderschaft von Schwert und Armbrust« bei der Burgruine des Ritterordens eine Zeitreise ins Mittelalter.

September

Der Herbst in Masuren: Konzerte, Spiele sowie eine Ausstellung von Booten und Segelzubehör in Mrągowo, Mitte des Monats.
Sommerabschied mit Rockmusik in Bartoszyce

Countryfestival in Mrągowo

ЦРЬ СЛВЫ
ІС ХС
СNЪ БЖІИ
К. Т.
М. Л.
Р. Б.
ЛИДІА

Wie aus dem Bilderbuch

Zwischen dem Spirdingsee, dem »Meer Masurens«, und der Johannisburger Heide scheint die Zeit still zu stehen

Zwischen Mrągowo/Sensburg und Mikołajki/Nikolaiken, Szczytno/Ortelsburg, Ruciane-Nida/Niedersee und Pisz/Johannesburg finden Sie jenes Bilderbuch-Masuren, das in den Suleyken-Erzählungen von Siegfried Lenz oder den Naturschilderungen Karl Wiecherts beschrieben ist – ein Land mit kristallklaren Seen, plätschernden Bächen, verwunschenen Wäldern und stillen Dörfern, in denen die Zeit still zu stehen scheint. Und über all dem erstreckt sich der scheinbar endlos hohe Himmel Masurens.

Ob Sie auf dem »masurischen Meer«, dem Jezioro Śniardwy/Spirdingsee, die Segel setzen, auf der Krutynia/Krutinna, der vielleicht schönsten Kajakroute Polens, die Paddel schwingen, an einem Waldsee Ihr Anglerglück erproben oder zu Fuß, per Fahrrad oder hoch zu Ross durch die Johannisburger Heide oder den Masurischen Landschaftspark streifen – Naturfreunde, Romantiker und Wasserratten kommen hier gleichermaßen auf ihre Kosten.

Das Kloster in Wojnowo: gegründet von den russischen Altgläubigen

Fischer am Spirdingsee

KRUTYŃ/ KRUTINNEN

[113 E3] Der kleine Urlaubsort Krutyń liegt inmitten von Feldern am Ufer der Krutynia, des wohl schönsten masurischen Flusses für Kajakwanderer, in der Johannisburger Heide. Der Luftkurort, der mit seinen vielen Holzhäuschen romantische Stimmung aufkommen lässt, zieht auch immer wieder Künstler in seinen Bann.

SEHENSWERTES

Krutyń besitzt keine mittelalterlichen Baudenkmäler, aber der Ortskern mit seinen engen, gewundenen Straßen und dem kunterbun-

Krutynia: Wer nicht selbst zum Paddel greifen will, lässt sich staken

ten Durcheinander der Holzhäuschen lohnt einen Bummel.

MUSEUM

Naturkundemuseum
Das kleine Museum befindet sich im Gebäude des Landschaftsparks Masuren am Busbahnhof. Es zeigt Beispiele der in der Region lebenden Tiere, aber auch einige archäologische Exponate. *Mai–Okt. Mo bis Fr 8–15 Uhr*

ESSEN & TRINKEN

Karczma Zacisze
Rustikales, aus Holz erbautes Gasthaus am Fluss – viele Kanuten legen am Ufer an und kommen für eine leckere Stärkung an Land. Auf der Speisekarte stehen Fisch- und Fleischgerichte, Pasta und Pizza. *Kein Ruhetag, Krutyń 33, Tel. 089/74 22 15,* €

EINKAUFEN

Im Sommer ist auf dem Marktplatz ein ★ *Bauernmarkt (Mo–Fr),* auf dem Sie Pilze und Bernstein, aber auch Kunsthandwerk und Stickereien kaufen können.

ÜBERNACHTEN

Pensionat Habenda
Kleine Pension mit 13 Zimmern und einigen einfachen Ferienhäuschen. Möglichkeit zur Selbstversorgung. *Krutyń 42, Tel. 089/74 12 18, www.habenda.topnet.pl,* €€

Pensionat Mazur
Die Pension hat 30 Einzel- und Doppelzimmer sowie ein großes Ferienhaus für bis zu zehn Personen. Zu dem Gelände gehört auch ein Zeltplatz. Fahrrad- und Kajakverleih. *Krutyń 36, Tel./Fax 089/742 18 36,* €€

FREIZEIT & SPORT

Jezioro Mokre/Mokre-See
Außer dem Fluss Krutynia und dem 55 ha großen Krutynskie-See liegt etwa 8 km westlich vom Dorf der Mokre-See. Vom Haus der Tourismusorganisation PTTK im Ortszentrum führt ein mit gelber Markierung ausgezeichneter Wander- und Radweg durch Torfmoor und Wald zu diesem See. Insider Tipp Besonders romantisch ist die Strecke am späten Nachmittag und in den Abendstunden, wenn die Sonne über dem See untergeht.

Krutynia/Krutinna
★ Wenn Ihnen die große Tour auf der Krutynia zu viel ist (siehe Kapitel »Ausflüge & Touren«), sollten Sie sich von Krutyń aus wenigstens für ein paar Stunden oder für einen Tag ein Kajak leihen. Denn hier, im kristallklaren, gerade mal 1 m tiefen Wasser der Krutynia, verläuft der wohl schönste Teil dieser berühmtesten Kajakwanderstrecke Polens. Die Wasserströmung auf der Krutynia ist auch für Anfänger gerade richtig: stark genug, um beim Paddeln Muskelkater in den Armen zu vermeiden und das Boot auch einmal treiben zu lassen, aber nicht reißend. Sollten Sie nicht selbst zum Paddel greifen wollen, können Sie sich in Krutyń in Booten ein paar Stunden lang den Fluss entlang staken lassen.

MIKOŁAJKI/ NIKOLAIKEN

[113 F2] ★ Als »masurisches Venedig« wird Mikołajki (4500 Ew.) zwischen dem Jezioro Tałty/Talty-See und dem Jezioro Mikołajskie/Nikolaiker See gerne bezeich-

MARCO POLO Highlights »Der Süden«

★ **Krutynia/Krutinna**
Die schönste Kajakwanderstrecke Polens (Seite 29, 81)

★ **Mikołajki/Nikolaiken**
In dem malerischen Ferienort ist immer was los (Seite 29)

★ **Wojnowo/Eckertsdorf**
Russisches Ambiente im Kloster der Philipponen (Seite 42)

★ **Jezioro Nidzkie/Niedersee**
Der reizvollste der schönen Seen (Seite 40)

★ **Hotel Gołębiewski**
Das große Hotel in Mikołajki bietet großen und kleinen Gästen viel (Seite 31, 92)

★ **Bauernmarkt in Krutyń/Krutinnen**
Hier lassen sich reizvolle Mitbringsel erstehen (Seite 28)

★ **Jezioro Śniardwy/Spirdingsee**
Wassersportler kommen auf dem »Meer Masurens « voll auf ihre Kosten (Seite 33)

In Mikołajki spielt sich ein großer Teil des Lebens auf einem Boot ab

net: Flussläufe und Brücken prägen in der Tat den Charakter des Ortes. Während die Saison in vielen Dörfern und Städtchen auf die Sommermonate begrenzt ist, ist hier eigentlich immer etwas los. Über den Jezioro Mikołajskie besteht eine Verbindung zum »masurischen Meer«, dem 106 m^2 großen Jezioro Śniardwy/Spirdingsee. Hier finden Segler im Sommer eines der schönsten Reviere, im Winter sind die Eissegler an der Reihe – und wer es nicht ganz so sportlich mag, kann sich im Pferdeschlitten gemächlich durch die verschneite Landschaft kutschieren lassen und sein ganz persönliches masurisches Wintermärchen erleben.

Märchenhaft ist auch die Geschichte von den trickreichen Fischern von Mikołajki im Kampf gegen ihren mächtigen Widersacher, den Król Sielaw/König Stint. Der mächtige Fisch, mit seiner Krone leicht als König des Sees auszumachen, zerstörte nämlich die Netze der Fischer oder ließ gar ihre Boote kentern, berichtet die Legende. Als es den Nikolaikern schließlich doch mit vereinten Kräften gelang, den Stint zu fangen, drohte dieser, alle Fische des Sees müssten sterben, wenn ihn die Fischer töteten. Wenn sie ihn aber wieder ins Wasser ließen, wolle er ihnen reiche Beute versprechen. Diesmal waren die Fischer allerdings schlauer als der Fisch: Sie ließen ihn zwar ins Wasser zurück, ketteten ihn aber mit einer schweren Kette an den Kai, damit er ihnen nie wieder Ärger machen konnte. Inzwischen werden die Netze in Mikołajki ohnehin kaum noch nach Fischen ausgeworfen, sondern nach Touristen. An den Sommerwochenenden sind die rund 4000 Einheimischen leicht einmal in der Minderheit.

Malerisch ist die Uferpromenade westlich des Marktes, die gleich neben dem Yachthafen verläuft. Ebenso wie auf dem plac Wolności gibt es auch hier Stände mit Eis, Getränken und Andenken wie Silberschmuck und Bernstein. Lohnend ist auch der Blick auf das Stadtpanorama von der anderen Uferseite – am besten von einer der Fußgängerbrücken .

SEHENSWERTES

Das Stadtzentrum lässt sich gut zu Fuß erkunden. Auf dem Marktplatz, dem *plac Wolności,* ist Król Sielaw in Form eines Fontänenbrunnens unübersehbar. Im ehemaligen Rathaus, heute das Hotel Mazur, befindet sich das *Touristik-Informationszentrum* von Mikołajki.

Zu den Sehenswürdigkeiten von Mikołajki gehört die rasenumsäumte *evangelische Kirche,* ein klassizistischer Bau mit auffallendem Uhrturm. Vom Marktplatz aus beginnt die *Kajki-Straße,* die durch den südöstlichen Teil der Innenstadt führt und parallel zum Jezioro Mikołajskie verläuft. Hier können Sie die Seele baumeln lassen und vorbei an niedrigen Häuschen mit bunten Bauerngärten schlendern. In einer der Nebenstraßen, der ul. Dybowska, finden Sie den restaurierten, kleinen *jüdischen Friedhof,* mit einigen Dutzend Grabtafeln. Insider Tipp

MUSEUM

Museum zur Geschichte der Reformation in Masuren

Eine Besonderheit im traditionell katholischen Polen ist dieses kleine Museum, untergebracht im Marion-Dönhoff-Gymnasium in der Bahnstraße. Gegründet wurde es vom pensionierten Pastor von Mikołajki, einem der letzten echten Masuren des Ortes. Auf der anderen Straßenseite ist die alte Molkerei, ein imponierender Ziegelbau, einen Blick wert. *ul. Kolejowa, Mo–Fr 10–17 Uhr*

ESSEN & TRINKEN

Insider Tipp Die besten Pfannkuchen (*naleśniki*) von Mikołajki, im Sommer besonders lecker mit frischen Beeren gefüllt, gibt es in einer Schnellimbissbude am östlichen Ufer des Nikolaiker Sees neben der Fußgängerbrücke.

Cinema Quick Bar

Deftige polnische Küche mit einigen originellen Erweiterungen wie Piroggen mit Linsen *(pierogi z soczewicy). Marktplatz,* €

Hotel Król Sielaw

Das Hotelrestaurant serviert außer Fisch vor allem Geflügel und Wild. *Kein Ruhetag, ul. Kajki 5, Tel. 087/ 421 63 23,* €€

ÜBERNACHTEN

Hotel Gołębiewski

★ Das Hotel am Ufer des Talty-Sees gilt als das luxuriöseste in Masuren. Außer Einzel- und Doppelzimmern werden auch Apartments vermietet. Das Hotel verfügt über Restaurant, Nachtclub, Sauna, Solarium und Fitnessclub. Für die kleinen Gäste gibt es einen Spielplatz und ein Spaßbad. Reiter können sich Pferde ausleihen, auch Ballonflüge und Bootsausflüge werden organisiert. *560 Zi., ul. Mrągowska 34, Tel. 087/42 90 00-702, Fax 42 07 44, www.golebiewski.pl,* €€€

Hotel Mazur
Hotel am Marktplatz von Mikołajki, 35 Ein-, Zwei- und Dreibettzimmer mit Bad, TV und Telefon. *pl. Wolności 6, Tel. 087/421 69 41, €€*

FREIZEIT & SPORT

Bootsausflüge
Mikołajki ist eine der Hauptanlegestellen der *Biała Flota*/Weißen Flotte und daher der ideale Ausgangspunkt für eine Seen-Kreuzfahrt. Die Anlegestelle der Ausflugsboote liegt am Westufer des Nikolaiker Sees nahe der Fußgängerbrücke. Die Törns führen unter anderem nach Ruciane-Nida/Niedersee, Giżycko/Lötzen und Węgorzewo/Angerburg.

Bootsverleih
Cicha Zatoka, al. Spacerowa 1, Tel. 087/421 50 11; Hotel Wałkuski, ul. 3 Maja 13, Tel. 087/421 66 28; Wioska Żeglarska, ul. Kowalska 3, Tel. 087/421 60 40

Fahrradverleih
Hotel Wałkuski, ul. 3 Maja 13, Tel. 087/421 66 28; Pensjonat Mikołajki, ul. Kajki 18, Tel. 087/421 64 37

Reitställe
Das *Forsthaus Mikołajki (Tel. 087/42 63 66)* organisiert Kutschfahrten durch die Johannisburger Heide; Reitpferde verleiht der Reitclub beim Hotel Gołębiewski, *ul. Mrągowska 34, Tel. 087/421 65 17*

AUSKUNFT

Informacja turystyczna
pl. Wolności 3, Tel. 087/421 63 18, in der Saison tgl. 9–18 Uhr. Auskunft erteilt auch das Gemeindeamt *(Bahnhofstraße/ul. Kolejowej 7)*

ZIELE IN DER UMGEBUNG

Galindia **[113 F2-3]** Insider Tipp
Ein garantiert uriges Erlebnis ist ein Abstecher nach Galindia, das »masurische Eden« auf der Strecke von Mikołajki nach Ruciane. Malerisch auf einer Halbinsel des Beldahnsees gelegen, steht im *Hotel Galindia* alles im Zeichen der wilden Vergangenheit der Galinden, jenes pruzzischen Stammes, der in Masuren einst beheimatet war und den Kreuzrittern so schwer zu schaffen machte. Der Arzt und Psychotherapeut Cezary Kubacki und seine Frau Maria haben sich hier ihren Traum vom Paradies erfüllt.

Wenn Sie eine wilde, in Felle gehüllte und eine Streitaxt schwenkende Gestalt sehen, sollten Sie deshalb weder an Ihrem Verstand zweifeln noch Angst haben, durch ein Zeitloch gefallen zu sein – es handelt sich dann um einen Hotelmitarbeiter. Organisierte Reisegruppen müssen auf dem Weg zum Hotel sogar mit einem »Überfall« der wilden Horden rechnen.

Im galindischen Garten stoßen Sie überall auf urige Holzskulpturen, grimmige Gesichter, die in knorrige Baumstämme geschnitzt sind und seit Jahrhunderten auf die wildromantische Landschaft zu schauen scheinen. Aber auch Brunnen, Backofen, ein ritueller Steinkreis, das »galindische Labyrinth« und ein kleines Freiluftmuseum gehören zu den Attraktionen des Gartens. Dabei gibt es gar keinen Grund für die wilden Minen der hölzernen Galinden. Denn Hotel und Garten befinden sich im Herzen des *Mazurski Park Krajobrazowy/Masurischen Landschaftsparks,* nur 20 m vom Strand und 100 m von der Mündung der Krutynia/Krutinna entfernt und garantieren eines der schönsten Panoramen der Umgebung. Vögel zwitschern, der Wind streift über das klare Wasser, aus der Johannisburger Heide weht der Duft von Nadelbäumen und Waldblumen herüber. Im Sommer können Sie hier Segel-, Tret- und Paddelboote sowie Fahrräder und Surfbretter ausleihen, im Winter werden Schlittenfahrten angeboten, und der während des langen masurischen Winters zugefrorene See lockt zum Schlittschuh laufen und Eisfischen.

Wer in Galindia wohnen will, findet außer uriger Atmosphäre auch den Komfort der Moderne – Zimmereinrichtungen mit umweltfreundlichen Materialien und offene Kamine inklusive. Sie erreichen das »galindische Eden« von Ukta aus, 2 km südlich der Fähre von Wierzba, *29 Zi., 6 App., Tel./Fax 087/423 16 16,* **€€€**

Jezioro Śniardwy/ Spirdingsee **[113–114 F2–B2]**

★ Mit einer Länge von 17 km und einer Breite von 13 km ist der mehr als 20 m tiefe Spirdingsee der größte See Polens – das »masurische Meer« eben. Das bei Mikołajki verlaufende Nordufer des dreieckigen Sees ist ebenso wie das östliche Ufer des Sees nicht bewaldet. Landschaftlich besonders schön ist der südlich gelegene Seeabschnitt zwischen Karwik und Wierzba/Spirding, der an die urwaldartige Landschaft der Johannisburger Heide reicht.

Der Spirdingsee gilt als ausgesprochen trügerisch und schwierig. Auch wenn der Wasserspiegel ruhig und glatt erscheint, können sich bei plötzlich auftretenden Windböen innerhalb weniger Minuten hohe Wellen bilden. Wer dennoch mit Kajak oder Paddelboot auf den Spirdingsee hinausfährt, sollte daher viel Erfahrung haben und ein guter

Balsam für die Seele: Landschaft beim Spirdingsee

Schwimmer sein. Auch Segler sollten beachten, dass es vor allem bei Nord- und bei Westwind auf dem See gefährlich werden kann.

Kosewo **[113 E2]**
Ein großes Dorf, 15 km westlich von Mikołajki, das in unmittelbarer Umgebung von drei kleineren Waldseen liegt. Im Süden des Dorfes befindet sich am Kuc-See eine *Hirschfarm,* die wissenschaftlichen Zwecken dient, aber auch Besuchern offen steht. Auf dem 100 ha großen Gelände leben rund 180 Rothirsche und 200 Damhirsche. Außerdem gibt es Mufflons, Tarpane sowie einige Pferde der alten Wildpferdrasse Przewalski. *Mitte Mai–Ende Aug. Mo–Fr 10–18 Uhr*

Insider Tipp
Lipowo/Lindendorf **[113 E2]**
Eines der malerischsten Dörfer in der Johannisburger Heide, gut 10 km südwestlich von Mikołajki zwischen zwei Seen. Ein naturkundlicher Rundweg führt durch den Wald an jahrhundertealten Eichen, Linden und Fichten entlang.

Piecki/Peitschendorf **[113 D2]**
Das im Ortsdreieck zwischen Mikołajki, Mrągowo/Sensburg und Ruciane-Nida/Niedersee gelegene Dorf wurde im Mittelalter vom Ordenshochmeister Ulrich von Jungingen gegründet. An die Kreuzritterzeiten erinnert hier allerdings heute nichts mehr. Sehenswert ist die kleine *Sammlung polnischer Volkskunst,* die Walentyna und Maria Dermacka an der *ul. Zwycięstwa 48* (neben dem Busbahnhof) zusammengestellt haben. Piecki liegt am Rande des *Waldreservats Zakręt,* in dem die mit Findlingen versetzte Moränenlandschaft geschützt wird.

Zełwągi/Selbongen **[113 E2]**
Idyllisch gelegenes Dorf 5 km westlich von Mikołajki. Das Dorf liegt zwischen drei kleinen Seen, die zum Verweilen und zu Spaziergängen am Ufer einladen. Kunstinteressierte können an der Hauptstraße in dem Häuschen mit der Nummer 32 die kleine *Galerie* des Bildhauers und Holzschnitzers *Zdzisław Grunwald* besuchen, der hier einige seiner Werke ausstellt. Insider Tipp

ORZYSZ/ARYS

[114 C2] Durch Sümpfe und Seen gut geschützt, liegt Orzysz (5200 Ew.) seit dem späten Mittelalter an der alten Handelsstraße Kętrzyn/Rastenburg – Pisz/Johannesburg. Der Großmeister des Deutschen Ordens, Konrad von Erlichshausen, gründete den Ort zwischen dem Sajno-See und dem Jezioro Orzysz/Arys-See im Jahr 1443 unter dem Namen Neudorf. Dieser Name hielt sich allerdings nicht lange. Nach teilweise schweren Zerstörungen im Ersten und Zweiten Weltkrieg wurde Orzysz nach 1945 erneut aufgebaut.

SEHENSWERTES

Herz-Jesu-Kirche
Sie erinnert mit ihrem bunt bemaltem Inneren an eine typische Dorfkirche. *ul. Ełcka*

Rynek/Marktplatz
An der zum Marktplatz führenden Hauptstraße von Orzysz, der *ul. Wojska Polskiego,* sowie an der sie am Markt kreuzenden *ul. Ełcka* sind eine Reihe von Bauten aus der Zeit der Jahrhundertwende erhal-

Kleinstädtisch: Orzysz

ten, die den ursprünglichen Kleinstadtcharakter des Ortes beibehalten haben. Hier sehen Sie auch die der Muttergottes gewidmete *Ortskirche* aus dem 16. Jh.

Spaziergang am Kanal
Ein hübscher Spazierweg führt am Kanal entlang zum Arys-See. Folgen Sie vom Marktplatz aus der *ul. Kanałowa,* die parallel zum Kanal verläuft. Der See selbst ist malerisch und nicht überlaufen. Die engen, lang gezogenen Buchten des Sees sind von Wald umgeben, der im Herbst gern von Pilzsuchern durchstreift wird.

ESSEN & TRINKEN

Gastronomische Höchstleistungen dürfen Sie in Orzysz nicht erwarten. Es gibt lediglich einige Bars, die Schnellgerichte der polnischen Küche anbieten. *Bar Kasieńka, ul. Ełcka 33, (€)* und *Bar Zagłoba, ul. Giżycka 4 (€).*

ÜBERNACHTEN

Hotel Mazur
Das neueste und beste Hotel des Ortes direkt am Marktplatz mit 48 Einzel-, Doppel- und Dreibettzimmern. *Rynek 3, Tel./Fax 087/ 423 79 95, €€€*

Ośrodek Wodno-Wypoczynkowy
Campingplatz mit eigenem Strand und Wassersportgeräte-Verleih. *ul. Leśna 13, Tel. 087/423 70 14, €*

PISZ/ JOHANNISBURG

[114 B4] Masuren ist nicht nur ein Land der Seen, sondern auch ein Land der Wälder – und das größte zusammenhängende Waldgebiet ist die *Puszcza Piska/Johannisburger Heide.* Lassen Sie sich durch den Namen nicht täuschen – hier blühen nicht Heidekraut und Wacholdersträuche, sondern ragen Kiefern und Fichten in den blauen masurischen Himmel.

Am östlichen Rand der Johannisburger Heide liegt am Ufer der Pisa, die an dieser Stelle aus dem Jezioro Roś/Rosch-See fließt, das Städtchen Johannisburg. Namensgeberin war eine 1345 errichtete Burg des Deutschen Ordens, die aber nur 20 Jahre überdauerte.

Viele Spuren der jahrhundertealten Ortsgeschichte gibt es nicht mehr, denn während des Zweiten Weltkrieges fielen 70 Prozent der Gebäude Bombenangriffen und

Blumen schmücken den Marktplatz von Pisz

den Zerstörungen der Roten Armee zum Opfer. Wenig erinnert an die Zeiten, als König August der Starke von Sachsen und Friedrich III. von Preußen während eines Treffens (1619) ein wenig vom Glanz ihrer Kronen auch auf das masurische Städtchen strahlen ließen.

An die Stelle der alten Bauten traten monotone Wohnblocks. Und während in der Vergangenheit Krieg und Pest die Einwohner beutelten, ist heute die Massenarbeitslosigkeit die moderne Plage der Stadt, die einmal zu den Zentren der holzverarbeitenden Industrie in der Region gehörte. Wie in vielen masurischen Städten liegt die Arbeitslosigkeit hier bei etwa 24 Prozent.

SEHENSWERTES

Johannes-der-Täufer-Kirche

Eine Besonderheit in der Altstadt ist die Kirche *Kościół Św. Jana Chrzciciela:* Hier wurde ein Fachwerkhaus aus der Mitte des 19. Jhs. zur Kirche ausgebaut. Sehenswert ist der aus der Spätrenaissance stammende Altar und die barocke Kanzel. *ul. Kościuszko*

Rathaus und Marktplatz

Neben einigen Überresten der gotischen Burg blieben lediglich das neugotische Rathaus und einige alte Bürgerhäuser am Markt von Pisz, dem *plac Daszyńskiego,* erhalten. Hier wurden sogar einige der zerstörten Gebäude in der Nachkriegszeit im historischen Stil wieder errichtet.

Im Rathaus ist auch das *Historische Museum* untergebracht *(Di–Fr 8–15 Uhr).* Für Naturfreunde lohnt sich hier auch die Besichtigung der Flora- und Fauna-Ausstellung. Buchstäblich in freier Wildbahn können Sie die im Museum gezeigten Pflanzen dann bei einem Spaziergang durch die Johannisburger Heide aufspüren.

ESSEN & TRINKEN

Als bestes Restaurant von Pisz gilt allgemein das *Tabasco (plac Daszyńskiego/Marktplatz 4, Tel. 087/ 423 38 15, €€)*, in dem auch einige litauische Gerichte serviert werden. Polnische Schnellgerichte wie gefüllte Kartoffelklöße *(pyzy)*, Heringssalat, Rohkostsalat oder Bratfisch gibt es im *Cafe Bar Baszta (€)* hinter dem Museum oder in der *Smażalnia Ryb (€)* in der Altstadt gegenüber dem pruzzischen Standbild Kamienna Baba.

ÜBERNACHTEN

Hotel Nad Pisą
Hotel mit 74 Einzel-, Doppel- und Dreibettzimmern im Ortszentrum. *ul. Ratuszowa 13, Tel./Fax 087/ 423 32 53, €€€*

Ośrodek Roś
Malerisch an der Pisa neben dem Bootsanleger gelegen, 15 Zimmer für zwei beziehungsweise vier Personen, Bad auf dem Korridor. Auf dem Hotelgelände befinden sich zwei Ferienhäuschen für vier Personen und ein Zeltplatz. *al. Turystów 3, Tel. 087/423 49 60, €€*

FREIZEIT & SPORT

Camp-Pisz
Am Zeltplatz werden Abende am Lagerfeuer, Ausflüge per Segelboot, Kajak und Fahrradtouren organisiert. Fahrrad- und Bootsverleih. *al. Wczasów 1, Tel. 087/42 34 63*

Spaziergang am Ufer der Pisa
Wenn Sie keine Lust auf Kultur haben, machen Sie vielleicht einen Spaziergang am Ufer der Pisa, die durch die Ortsmitte fließt. Früher hieß der Fluss übrigens Galindia – nach dem alten pruzzischen Stamm der Galinden, die hier einst lebten. Nördlich vom Stadtzentrum führt eine kleine Allee zum ungefähr 1 km von der Stadt entfernten Rosch-See. Lauffaule können vor dem *Hotel Nad Pisą (ul. Ratuszowa/Rathausstraße)* eine Kutsche anheuern oder im Fahrradverleih *Fart (ul. Warszawska 17/Warschauer Straße, Tel. 087/ 423 59 68)* für knapp 20 Zł am Tag einen Drahtesel mieten.

Der 1888 ha große malerische See hat überwiegend flache Ufer. Am Badestrand ist auch der örtliche Campingplatz. Wenn Sie sich nicht auf die Wegmarkierungen verlassen wollen, können Sie im *Gemeinde- und Kulturamt* am Marktplatz, dem *plac Daszyńskiego*, Wanderkarten kaufen.

AM ABEND

Das Unterhaltungsprogramm von Pisz ist begrenzt: Außer einem Kino am Marktplatz gibt es zwei Diskotheken für die Kleinstadtjugend und junge Besucher. Eine von ihnen, das *Galindia (ul. Dworcowa/Bahnhofstraße)*, ist in einer ehemaligen Scheune untergebracht.

AUSKUNFT

Orbis
ul. Okopowa 3a, Mo–Fr 8–17, Sa 8–15 Uhr, Tel. 087/423 29 61, www.pisz.pl

ZIELE IN DER UMGEBUNG

Jabłon [114 B4]
Kleiner Touristenort, 4 km südwestlich von Pisz malerisch in der Johan-

nisburger Heide gelegen. Am Campingplatz besteht die Möglichkeit, Fahrräder zur weiteren Erkundung der umliegenden Urwaldlandschaft auszuleihen.

Karwik **[114 B3]**

Karwik ist eines jener masurischen Dörfer, in denen sich Fuchs und Hase gute Nacht zu sagen scheinen. Die nur 120 Ew. leben zum Teil noch in historischen Bauernkaten aus Holz. Hier können Sie Reitausflüge oder Kutschfahrten unternehmen – und im Sommer den süßen Verlockungen des Waldes folgen und auf »Beerenjagd« gehen. Am Sexter See, der größten Bucht des Spirdingsees und am Jeglinski-Kanal gelegen, scheint in der Naturidylle die Zeit stehen geblieben zu sein.

Insider Tipp

RUCIANE-NIDA/ NIEDERSEE

[113 F4] Das Städtchen Ruciane-Nida (5500 Ew.) ist der südlichste Ausgangspunkt für einen Urlaub an der Masurischen Seenplatte – und trotzdem Masuren pur. Das liegt an seiner Lage zwischen dem Jezioro Nidzkie/Niedersee und dem Jezioro Guzianka/Großer Guzianka-See, umgeben von einem der schönsten Waldgebiete der Johannisburger Heide. Der Name der Stadt stammt ursprünglich von *ruda,* dem polnischen Wort für Erz, ab, denn schon im 14. Jh. wurde in der Gegend Erz verhüttet. Im 19. Jh. allerdings, als bei der Försterei Ruciane eine Waldsiedlung entstand, waren die Erzvorräte aufgebraucht – Einheimische und Urlauber müssen sich also nicht über Luftverschmutzung durch Industrieanlagen ärgern. Mit der Bahnverbindung zwischen Ełk/Lyck und Olsztyn/Allenstein erhielt Ruciane nicht nur den Anschluss an die »große Welt«, sondern auch die Chance, sich als Urlaubsort zu etablieren. Das eigentliche Ferienzentrum befindet sich im Ortsteil Ruciane nordöstlich der Bahnlinie, während das 2 km südlich gelegene Nida Plattenbau-Tristesse rund um ein Sägewerk verbreitet.

Von Ruciane-Nida aus sind einige der schönsten und größten Masurischen Seen erreichbar, neben den Hausseen der Jezioro Bełdany/Beldahnsee, den viele für den schönsten der Masurischen Seen halten, der ganz von Wald umgebene Niedersee und natürlich der Jezioro Śniardwy/Spirdingsee, das »Meer Masurens«. Kein Wunder also, dass Ruciane-Nida eine der Stationen der Weißen Flotte für Kreuzfahrten auf der Masurischen Seenplatte ist. Auch für aktive Wassersportler ist der Ort ein kleines Paradies mit reichlich Möglichkeiten zum Schwimmen, Surfen, Segeln und Paddeln.

Der Große Guzianka-See liegt gleich jenseits des Ortszentrums von Ruciane, hinter den Handelspavillons in der Ortsmitte und dem kleinen Park. Wenn Sie den Park durchquert haben, stoßen Sie direkt auf den Yachthafen. Am gegenüberliegenden Ufer sehen Sie dann bereits die Ausläufer der Johannisburger Heide.

SEHENSWERTES

Guzianka-Schleuse

Die *Śluza Guzianka* verbindet den Beldahn- und den Kleinen Guzianka-See und gleicht einen Höhenunterschied von 2,20 m aus. In der Urlaubssaison herrscht hier ständig reger Verkehr. Die Schleuse ist von 7 bis 21 Uhr in Betrieb, Segler bleiben also nicht im Schleusen-Stau stecken. Sonntags allerdings ist das Schleusenteam nur von 9 bis 19 Uhr im Einsatz. Für Landratten: Die Schleuse liegt an der ul. Guzianka, wenn Sie von Ruciane aus Richtung Wejsuny fahren. Sie ist aber auch gut zu Fuß erreichbar, wenn Sie vom Ortszentrum aus die *ul. Mazurska* Richtung Norden gehen und dann rechts in die *ul. Guzianka* einbiegen.

Kirche

Das originelle Gotteshaus – es ähnelt mit seinen Erkern und Türmchen eher einer altmodischen Villa – und seinen hölzernen Glockenturm erreichen Sie, wenn Sie von Ruciane aus die *ul. Cicha* Richtung Niedersee und Nida fahren. *ul. Dworcowa/Bahnhofstraße*

ESSEN & TRINKEN

Amida Insider Tipp

Hier kommen Sie auf Ihre Kosten, wenn Sie gerne Fisch essen – das Restaurant hat eine eigene Fischräucherei. *Kein Ruhetag, ul. Dworcowa 8, Tel. 087/423 10 61,* €

Kolorada

Das Restaurant in der Bahnhofstraße gilt als bestes im Ort. Kleine Pizzeria im Keller. *Kein Ruhetag, ul. Dworcowa 6e, Tel. 087/423 65 31,* €€

Ernst Wiechert

Der masurische Dichter aus Piersławek ist heute weitgehend unbekannt

Kaum ein Masuren-Urlauber, der nicht »So zärtlich war Suleyken« von Siegfried Lenz im Reisegepäck hat. Ernst Wiechert, der 1887 als Sohn des Försters von Piersławek geboren wurde, geriet dagegen in Vergessenheit. Die Landschaft der Wälder und Seen, in denen Wiechert seine Kindheit verbrachte, prägten auch sein Werk – viele von Wiecherts Helden flüchten aufs Land und in die Natur, um hier inneren Frieden zu finden. Zu seinen bekanntesten masurischen Gestalten gehören »Die Jerominkinder«. Nach dem Studium in Königsberg arbeitete Wiechert als Lehrer und veröffentlichte seine ersten Erzählungen. Als die Nationalsozialisten an die Macht kamen, widmete er sich ganz der Schriftstellerei. In seinen Büchern wie »Das einfache Leben«, »Wälder und Menschen« und »Hirtennovelle« kritisierte er Antisemitismus, Militarismus und die nationalsozialistische Diktatur. 1938 wurde Wiechert verhaftet und war zwei Monate als politischer Häftling im KZ Buchenwald – eine Erfahrung, die er nach Kriegsende in seinem Roman »Der Totenwald« verarbeitete. Er emigrierte später in die Schweiz und starb 1950 in Zürich.

ÜBERNACHTEN

Ośrodek Wczasowy NBP
Das Ferienzentrum der polnischen Nationalbank nimmt auch »ganz normale« Urlauber auf. In einem Waldgebiet am Beldahnsee gelegen, verfügt das Hotel nicht nur über 34 komfortabel ausgestattete Einzel- und Doppelzimmer, sondern auch über 26 gemütliche Ferienhäuschen für vier bis fünf Personen. Ein bewachter Parkplatz gehört zum Hotel. *Guzianka 5, Tel. 087/423 11 38, €€€*

Pensjonat Bełdan
Kleine Pension mit sechs Dreibettzimmern in einer Villa am Beldahnsee. *Guzianka 10, Tel. 087/423 10 94, €€*

Pensjonat Janus
Villenähnliche Pension mit Seeblick, die meisten der rustikal eingerichteten Zimmer haben einen Balkon. Haustiere nach Absprache erlaubt. *Guzianka 1, Tel. 087/423 64 50, €€*

FREIZEIT & SPORT

Bootsausflüge
Von Mai bis September: Außer etwa einstündigen Kreuzfahrten auf dem Niedersee werden auch Ausflugsfahrten nach Mikołajki und Giżycko angeboten.

AUSKUNFT

Gminne Centrum Informacji Turystycznej
Informationszentrum am Bahnhof. *In der Saison tgl. 7–19 Uhr, außerhalb der Saison Mo–Fr 8–17 Uhr, Sa und So 10–14 Uhr*

ZIELE IN DER UMGEBUNG

Jezioro Bełdany/ Beldahnsee [113 F2–3]
Viele Masurenkenner schwören darauf, dass die Seenlandschaft nirgends schöner ist als am Beldahnsee und am Niedersee, die durch den Großen und den Kleinen Guzianka-See verbunden sind. Nicht zuletzt ist es die Urwaldlandschaft der Johannisburger Heide, die zum ganz besonderen Zauber dieser Seen beiträgt. Der mehr als 12 km lange und teilweise nur 200 m breite Beldahnsee ist der touristisch besser erschlossene. Durch ihn verläuft nicht nur die Segelroute zwischen Mikołajki und Ruciane, sondern auch der berühmte Kajakwanderweg auf der Krutynia. Wassersportler und Schwimmer sollten vor allem in der Bucht von Iznota auf hier ausgebrachte Fischernetze achten.

Jezioro Nidzkie/ Niedersee [113 E4–F5]
★ Für viele gilt der Niedersee als der schönste unter den Schönen, mit dem nur der Beldahnsee konkurrieren kann. Und der ist erstens viel zivilisierter und zweitens viel belebter als der einsamere und wildere Niedersee mit seinem Inselarchipel, an dessen Uferverlauf mit Ruciane-Nida nur eine einzige Stadt liegt. Je weiter Sie hier in den Süden kommen, desto leerer wird es auf dem und um den See. Bootsfahrten von Ruciane aus führen entlang der bewaldeten Inseln über den See, der je nach Lichteinfall mal blau, mal tiefgrün erscheint. Außer den allgegenwärtigen Störchen bekommen Sie hier auch Kormorane und andere Wasservögel zu sehen.

Am Niedersee ist es vor allem im Süden sehr einsam

Karwica/Kurwien **[113 E5]**
Das 14 km südlich von Ruciane in der Johannisburger Heide gelegene Dorf hat viel von seinem ursprünglichen Charakter bewahrt, und die traditionelle Holzbauweise ist erhalten.

Piersławek/Kleinort **[113 E2]**
Das kleine Forsthaus Piersławek liegt an der Verbindungsstraße zwischen der Chaussee 609, die von Ruciane-Nida nach Mikołajki führt, und der Landstraße 602. Hier wurde am 18. Mai 1887 der Dichter Ernst Wiechert geboren. Bis 1930 lebte Wiechert in dem Haus, das heute ein kleines Museum mit Fotografien und Büchern Wiecherts ist. Die ursprüngliche Einrichtung ist nicht mehr erhalten. Eine Erinnerungstafel würdigt den »Dichter Masurens« als »rechtschaffenen Menschen und Antifaschisten«. *Mo bis Fr 10–16 Uhr, Sa, So 11–14 Uhr*

Popielno/Popiellnen **[113 F2]**
Der kleine Ort auf der Landzunge, die die natürliche Grenze zwischen dem Spirdingsee und dem Beldahnsee bildet, hat nicht nur ein zoologisches Forschungszentrum, sondern auch einen Yachtanleger, um müden Seglern den Landgang zu ermöglichen. Die *Forschungsstation,* zu der auch die einzige Biberzucht Polens gehört, kann besichtigt werden *(Mo–Fr 10–13, Sa und So 11–14 Uhr).* Im Forschungszentrum sind die Mitarbeiter mittlerweile auf Touristen eingestellt – es gibt nicht nur Reitmöglichkeiten, sondern auch Kutschfahrten mit Tarpanen und die Möglichkeit, im Motorkutter gemütlich über den See zu schippern.

Insider Tipp

Wejsuny/Weissuhnen **[113 F3]**
Das 6 km nordöstlich von Ruciane gelegene Dorf (350 Ew.) erstreckt

sich am Ufer des hornförmigen Wejsunek-Sees. Sehr malerisch sind die hölzernen Bauernkaten an der Seestraße mit ihren blau gestrichenen Fensterläden, auch wenn sie immer öfter durch gemauerte Häuser ersetzt werden. Im Ortszentrum befindet sich auch eine kleine *Ausstellung alter Bauernmöbel,* landwirtschaftlicher Geräte und anderer Exponate alten Dorflebens, darunter Spinnräder und Butterfässer, die eine ehemalige Lehrerin von den Dorfbewohnern gesammelt hat.

Insider Tipp

Wojnowo/Eckertsdorf [113 E3]

★ Das von den russischen Altgläubigen/Philipponen gegründete Wojnowo am Ufer des Flusses Krutynia zog bereits vor Jahrzehnten Touristen an, die hier das russische Ambiente suchten. Zu den größten Sehenswürdigkeiten gehört das 1847 erbaute *Kloster.* Dort kam es einst zu einer schweren Krise, als einer der Äbte wieder zur offiziellen Orthodoxie übertrat und mit 15 Mönchen nach Russland zurückkehrte. Seitdem lebten in Wojnowo sowohl Altgläubige als auch russisch-orthodoxe Christen mit ihren jeweiligen Sitten und Gebräuchen. Im Kloster bauten Nonnen, die aus den Philipponen-Siedlungen in Russland nach Wojnowo geschickt wurden, eine neue Klostergemeinschaft auf. Heute lebt hier nur noch eine einzige Nonne.

Außer dem Nonnenkloster am Ufer des Jezioro Duś/Dusch-See befindet sich im Zentrum des Dorfes die *Kirche der Altgläubigen.* Die 72 wertvollsten Ikonen des Klosters wurden aus Furcht vor Diebstahl allerdings entfernt, sie sind heute im Ermländischen Museum in Lidzbark Warmiński/Heilsberg untergebracht. Geblieben ist dagegen der kostbare silberne Kerzenständer. Die orthodoxe Holzkirche ist im altrussischen Stil erbaut. Sie erreichen Wojnowo von Ruciane aus über die Chaussee Ruciane–Babięta, ein Schild weist von dort den Weg.

Wygryny/Wigrinnen [113 F3]

Insider Tipp

Das 3 km nordwestlich von Ruciane an der Straße nach Piecki/Peitschendorf gelegene Dorf Wygryny bietet einen besonders schönen Blick auf den 45 ha großen Wigrinner See, einem typischen Fließgewässer, das mit dem Beldahnsee verbunden ist. Der ganz von Wald umgebene See hat lediglich beim Dorf ein flaches, zugängliches Ufer. Obwohl sich der Tourismus allmählich auch in Wygryny ausbreitet, hat der Ort mit seinen niedrigen Katen doch noch viel von seinem ursprünglichen Charakter bewahrt.

SZCZYTNO/ ORTELSBURG

[112 B5] Die am südwestlichen Ende Masurens gelegene Kleinstadt am Kleinen und am Langen Domowy-See gehört zu den Siedlungen, die der Deutsche Orden im Mittelalter gegründet hat. Das hölzerne Fort der Kreuzritter hielt nicht lange – es wurde von den Litauern niedergebrannt. Das Ordensschloss, das an die Stelle des Forts trat, ist mittlerweile auch nur noch eine Ruine. In der Umgebung der Stadt (27 400 Ew.), die als Zentrum der regionalen Industrie keine reine Urlaubergegend ist, finden Sie dennoch einige schöne Erholungsgebiete zwischen Wäldern und Seen.

Die Philipponen

Die russischen Altgläubigen gründeten die Siedlung Wojnowo

Mit den Reformen des russischen Patriarchen Niko begannen im 17. Jh. Veränderungen, die die orthodoxe Kirche in erbittertem Streit spalteten: Es ging etwa um die Frage, ob sich die Orthodoxen mit zwei oder drei Fingern bekreuzigten, wie oft während des Gottesdienstes das Wort »Alleluja« wiederholt werden sollte. Die Raskolniki/Altgläubigen, auch Philipponen genannt, waren scharfe Gegner jeglicher Neuerungen. Von der reformierten Staatskirche verfolgt, flohen sie in entlegene Gebiete des Zarenreiches, etwa nach Sibirien, Anfang des 19. Jhs. aber auch nach Polen. Die ersten Siedlungen der Philipponen in Polen entstanden im damals zu Polen gehörenden Wilna und dem heutigen Masuren, etwa bei Suwałki und Augustów. Sie lebten weitab der Städte in den Wäldern. König Friedrich Wilhelm III. überließ ihnen ein großes Stück der Johannisburger Heide zur Ansiedlung. Die Philipponen lebten sehr bescheiden, rauchten nicht und tranken keinen Tee.

SEHENSWERTES

Evangelische Kirche
In der Barockkirche (1718) finden im Sommer in unregelmäßigen Abständen Konzerte alter Kirchenmusik statt. *ul. Warszawska*

Schloss
Ruine der gotischen Ordensburg aus dem späten 14. Jh., in der Nähe des Bootsanlegers. Beim Schloss befindet sich auch das *Masurische Museum* mit seiner umfangreichen volkskundlichen Sammlung.

ESSEN & TRINKEN

Restauracja Kania
Typisch polnische Gerichte, die Spezialität des Hauses ist Schaschlik. *Kein Ruhetag, ul. Linki 2, Tel. 089/624 35 51,* €€

ÜBERNACHTEN

Hotel Krystyna
Kleines Hotel, dessen Standard aber durchaus dem Hotel Leśny entspricht. Außer dem gleichnamigen Restaurant gehört auch eine Pizzeria zu dem Hotel. *41 Zi., ul. Żwirki i Wigury 10, Tel./Fax 089/624 21 69, hotelkrystyna@post.pl,* €€€

Hotel Leśny
40 Einzel- und Doppelzimmer mit Bad, Telefon, TV. Im Hotel können auch Sportgeräte ausgeliehen werden. Restaurant. *ul. Ostrołęcka 6, Tel./Fax 089/624 32 46,* €€€

Hotel Teresa
Einzel- und Doppelzimmer mit TV, Badezimmer auf dem Gang. *6 Zi., ul. Władysława IV 12a, Tel. 089/624 57 81,* €€

Segeltörns und Ritterspiele

In Nordmasuren locken atemberaubende Segelstrecken und alte Burgen, in denen man Ritter und Hoffräulein spielen kann

Giżycko/Lötzen und Węgorzewo/Angerburg sind die Wassersportzentren im Norden der Masurischen Seen. Jahr für Jahr ziehen sie mehr Segel- und Surffans aus ganz Europa an. Denn an der nördlichen »Pforte Masurens«, in Wegorzewo, beginnt die atemberaubende Segelstrecke über mehrere Seen hinweg bis ganz in den Süden der Großen Masurischen Seenplatte, nach Ruciane Nida/Niedersee oder Pisz/Johannesburg hinunter. Nicht nur die Landschaft vermag hier zu faszinieren und zu immer neuen Ausflügen an Land verlocken, auch das Wetter lässt mitunter den Adrenalinspiegel erheblich ansteigen – bei rauem Wetter können die Wellen so hoch sein wie auf der Ostsee.

Beschaulicher geht es da auf den Ausflugsschiffen der Masurischen Flotte zu, die von Węgorzewo und Giżycko aus nicht nur alle größeren Orte rund um die Masurischen Seen ansteuern, sondern auch die unter Naturschutz stehenden Inseln anfahren. Doch auch, wer seinen Urlaub hoch zu Ross

Bootsanlegestelle am Mauersee, dem zweitgrößten See Polens

Von Giżycko auf zur Schwanen-Tour

verbringen möchte oder lange Radwanderungen plant, ist in Nordmasuren richtig. So gibt es beispielsweise in Kętrzyn/Rastenburg oder im Weiler Przykop bei Miłki/Milken Gestüte, die auf Ferien im Sattel spezialisiert sind. Aber in Masuren ist der Reitsport so populär, dass es fast in jedem Dorf ein paar Bauernhöfe mit Reitpferden gibt. Die schönsten Radwandertouren führen durch die Puszcza Borecka, den Borkener Forst, sowie entlang des nie fertig gebauten Masurischen Kanals, der die Masurischen Seen mit der Ostsee verbinden sollte. Wenn sich dann am Abend noch ein Spanferkel am Spieß dreht, man an einem Lammknochen knabbert oder ein paar heiße Kartoffeln von den Holzscheiten zieht, sinkt man später müde und wohlig in die Kissen.

Anders als im Süden der Masurischen Seeplatte stolpert man im Norden ständig über die Spuren der jüngeren deutschen Geschichte. Die Ritter des Deutschen Ordens hat es hier wie dort gegeben, davon zeugen die vielen Burgen und die Ritterspiele, aber die finsteren Bunkerstädte aus der Zeit des Zweiten Weltkriegs hat Hitler im dunkleren und dichteren Waldteil des damaligen Ostpreußens bauen lassen, im heutigen Nordmasuren. Bei Kętrzyn und Mamerki/Mauerwald stehen heute noch die düsteren Überreste der ehemaligen Hauptquartiere Hitlers und der Wehrmacht. Klar wird einem hier, warum die Versöhnung mit Polen schwieriger war als mit allen anderen überfallenen Völkern. Um so mehr erstaunt die Freundlichkeit und Gastlichkeit der Bewohner Masurens, die nach 1945 aus ihrer Heimat in Ostpolen vertrieben wurden.

GIŻYCKO/LÖTZEN

[110 A–B4] Giżycko wird gern als Hauptstadt Masurens bezeichnet. Die mit 30 000 Ew. größte Stadt Masurens liegt malerisch zwischen Jezioro Kisajno/Kissain-See und Niegocin/Löwentin-See. Außerdem befinden sich innerhalb der Stadtgrenzen noch zwei weitere Seen: Popówka Duża/Groß-Popowka und Mała/Klein-Popowka. Die um diese Seen angelegten Wanderwege laden zum Spazierengehen und Joggen ein. Giżycko, das wie eine Perle inmitten der breiten Wasser-, Wald- und Wiesenflächen liegt, noch dazu umgeben von runden Hügeln, ist eines der bedeutendsten Urlaubs- und Wassersportzentren Polens.

Im Sommer segeln, tauchen und schwimmen die Besucher oder richten vom Boot aus das Fernglas auf eine der vielen kleinen Inseln im Kissain-See: Die Vogelreservate beherbergen seltene Kraniche und Schwarzstörche. Im Winter gönnen sich die Gäste ein eiskaltes Vergnügen: Eissegeln. Wer einmal auf Kufen unter geblähten Segeln und mit Tempo 90 über die zugefrorenen Seen flitzen konnte, wird später beim Glühwein nur eins sagen: »Noch mal!« Die Wälder rund um Giżycko laden nicht nur im Sommer zum Spazierengehen und Radfahren ein, im Herbst schwärmen Einheimische wie Gäste »in die Pilze« aus, und im Winter gibt es kaum etwas Schöneres, als sich dick eingemummelt im Pferdeschlitten zurückzulehnen und durch die tief verschneiten Wälder zu gleiten: klare Luft, Stille und von Zeit zu Zeit ein Fuchs oder ein Reh...

Insider Tipp

Die Stadtgeschichte reicht bis zu den Pruzzen zurück, deren hölzerne Wehranlage 1283 vom Deutschen Ritterorden erobert wurde. Das Burgschloss, das die Ritter dann an dieser Stelle errichteten, nannten sie Lötzen, polnisch Lec. Als die Siedlung rund um das Schloss 1612 das Stadtrecht erhielt, übernahm sie den Namen Lötzen und führte ihn bis zum Ende des Zweiten Weltkriegs. Der heutige Name Giżycko geht auf Pastor Gustav Gisevius (1810 bis 1848) zurück, der sich gegen die Preußen und ihre Germanisierungspolitik im 19. Jh. für den Erhalt der polnischen Sprache eingesetzt hatte.

SEHENSWERTES

Drehbrücke

Witzig und auch ein bisschen spektakulär ist die Drehbrücke über den Lötzener Kanal, die auf dem Weg zum Bruno-Kreuz liegt. Die aus der zweiten Hälfte des 19. Jhs. stammende Brücke ist die einzige dieser Art in Polen.

Feste Boyen

★ Das interessanteste Bauwerk der Gegend liegt vor den Toren Giżyckos an der Ausfallstraße Richtung Olsztyn/Allenstein–Kętrzyn/Rastenburg: die Feste Boyen aus der ersten Hälfte des 19. Jhs. Die gewaltige Festung sollte die Ostgrenze des Deutschen Reiches schützen. Ende Januar 1945 fiel der Roten Armee die Festung wie auch die Stadt Lötzen kampflos zu. Nach dem Krieg diente die Festung höchst zivilen Zwecken – als Hühnerfarm, Käsereife und Getreidemagazin. Seit Mitte der 1990er-Jahre wird sie restauriert und Touristen zugänglich gemacht. *Eingang am Brama Giżycka/Lötzener Tor. Im Touristenbüro kann man auch Führungen reservieren oder eine Übernachtung (10 Zł.) in einem der Zehn-Bett-Säle in der Festungsherberge. Besichtigung 4 Zł. Kinder bis zehn Jahre 3 Zł.; Führung: 30–50 Zł – je nach Gruppenstärke und Dauer (30, 60 oder 120 Min.)*

Ordensschloss und Kreuz des Hl. Bruno

Vom ehemaligen Ordensschloss aus dem 15. Jh. steht nur noch ein Flügel. Von hier aus führt die kleine Allee ul. Lotnicza einen kleinen Berg hinauf, auf dessen Spitze sich ein großes Kreuz zu Ehren des Hl. Bru-

MARCO POLO Highlights »Der Norden«

★ **Feste Boyen**
Eine gewaltige Festung aus preußischer Zeit (Seite 47)

★ **Fuledzki Róg**
Kraxeln im Naturreservat Faulhöder Spitze (Seite 49)

★ **Miłki/Milken**
Hier steht Masurens älteste Kirche (Seite 50)

★ **Owczarnia/Schäferei**
Mini-Museum über das Leben masurischer Bauern (Seite 50)

★ **Puszcza Borecka**
Im Borkener Forst kann man herrlich wandern und Rad fahren (Seite 50)

★ **Wolfsschanze/ Wilczy Szaniec**
In Hitlers Hauptquartier erinnert ein kleines Denkmal an die Widerstandskämpfer (Seite 54)

★ **Sądry/Zandern**
Ein Privatmuseum: das 200 Jahre alte Masurische Bauernhaus Chata Mazurska (Seite 57)

★ **Schloss Steinort**
Eine ehemals herrschaftliche Pracht (Seite 60)

★ **Mamerki/Mauerwald**
Düstere Bunkerstadt der deutschen Wehrmacht (Seite 62)

no aus Querfurt erhebt, der angeblich an dieser Stelle im Jahre 1009 den Märtyrertod gestorben sein soll. Die Pruzzen hatten sich gewaltsam gegen die Christianisierung gewehrt. Von der Anhöhe hat man einen schönen Blick auf den Jezioro Niegocin/Löwentin-See.

ESSEN & TRINKEN

Restauracja Pod Kominkiem
In einem Einkaufspavillon überrascht das kleine »Restaurant am Kamin« mit ausgesucht erlesenen Gerichten. *Kein Ruhetag, ul. Olsztyńska 1h, Tel. 087/428 40 81,* €€€

Złota Rybka
Leckere Fischgerichte im »Goldenen Fischlein«. *Kein Ruhetag, ul. Olsztyńska 5, Tel. 087/428 55 10,* €

ÜBERNACHTEN

Hotel Europa
Modernes Hotel direkt am Kissain-See. 24 Doppel- und 3 Einzelzimmern, alle mit Bad, Telefon, Fernsehen. Die Einrichtung ist etwas bieder. Verleih von Paddel-, Ruder- und Tretbooten sowie einer Motoryacht und Fahrrädern. Das Hotel organisiert im Sommer Ballonflüge und Folkloreabende, im Winter Schlittenausflüge. Im Haus befinden sich zwei Restaurants, ein Billardsaal und eine Bar. *al. Wojska Polskiego 37, Tel. 087/429 30 01-03, Fax 429 25 54* €€€

Schronisko Bijo
Die beste Unterkunft für Rucksackreisende, die aufs Geld achten müssen. Hübsches Gebäude aus der Vorkriegszeit, direkt am Jezioro Niegocin/Löwentin-See. Teilweise renoviert, saubere Einzel-, Doppel- und Mehrbettzimmer, gemeinsame Küche für alle Gäste zum Selberkochen. *ul. Nabrzeżna 11, Tel. 087/428 29 05,* €

FREIZEIT & SPORT

Schiffsausflüge Insider Tip
Einer der attraktivsten Häfen der Weißen Flotte der Zegluga Mazurska/Masurische Reederei befindet sich in Giżycko. Von hier aus finden Fahrten nach Węgorzewo/Angerburg, Mikołajki /Nikolaiken, Ruciane-Nida/Niedersee, Pisz/Johannisburg und Sztynort/Steinort statt. Außerdem werden Ausflugsfahrten zum Jezioro Kisajno/Kissain-See und Jezioro Dobskie/Doben-See organisiert (»Schwanen-Tour«, »Zur Kormoran-Insel»). Am Hafen erhalten Sie genaue Tourenbeschreibungen und Fahrpläne auch auf Deutsch. *al. Wojska Polskiego 8, Tel. 087/428 25 78 und 087/428 53 32, www.gizycko.com.pl/zegluga_mazurska*

Sportzentren
Zwei Sportzentren liegen direkt am Jezioro Mamry/Mauersee, sie führen jeweils einen großen Hotelbetrieb, haben auch Camping- und Zeltplätze. Es gibt einen Yachthafen und einen Verleih für Wassersportgeräte. Für alle Wassersportarten werden Kurse angeboten. Im Winter kann man hier das Eissegeln erlernen. *Międzynarodowe Centrum Żeglarsta i Turystyki Wodnej Almatur/Internationales Segel- und Wassersportzentrum Almatur (ul. Moniuszki 24, Tel. 087/428 58 98 und 428 33 88); Centralny Ośrodek Sportu/Zentrales Sportzentrum (ul.*

Grüner Tunnel bei Giżycko

Moniuszki 22, Tel. 087/428 23 35); Mazurskie Centrum Nurkowe/Masurisches Tauchzentrum, ul. Moniuszki 10/6, Tel. 087/428 88 74

AM ABEND

Pub Jazz Club Gallery

Viel Rauch und gute Musik. Kleiner Saal, an den Wänden die Bilder berühmter Jazzmusiker – hier trifft sich die junge Szene der Stadt. *ul. Warszawska 17*

AUSKUNFT

Centrum Informacji Turystycznej i Promocji Regionu

Zentrum für Touristeninformation und PR für die Region. *ul. Warszawska 7, Tel. 087/4285265 und 428 57 60, in der Saison Mo–Fr 8–18, Sa 10–18 Uhr, Nachsaison Mo–Fr 8–16 Uhr, www.gizycko.com.pl, www.mazury.com.pl, www.gizycko.ceti.com.pl*

ZIELE IN DER UMGEBUNG

Fuledzki Róg/ Faulhöder Spitze **[110 A4]**

★ Im Naturreservat Fuledzki Róg auf der Halbinsel am Jezioro Kisajno/Kissain-See gibt es vor allem Steine zu sehen: Auf rund 40 ha erstreckt sich ein riesiges Findlingsfeld. Neben den gewaltigen Gesteinsbrocken, die so wirken, als seien sie vor gar nicht langer Zeit vom Himmel gefallen, liegen wild durcheinander graue und rosafarbene Granitsteine, Gneise, Quarzite und Porphyrfelsblöcke. Wer ein bisschen durch dieses Natur- oder besser »Steinreservat« kraxelt, sich auch von Weidengestrüpp und dem ein oder anderen Sumpfloch nicht abschrecken lässt, vielmehr noch den höchsten »Berg« erklimmt (immerhin 157 m!), wird mit einem wunderschönen Panoramablick über den Kissain- und Doben-See belohnt.

Miłki/Milken **[110 B3]**

Das Dorf liegt ca. 30 km südlich von Giżycko entfernt. Hier steht ★ *die älteste Kirche Masurens,* eine gotische Kirche, die um 1480 herum gebaut wurde. Der Altar (1688) wird von einem großen Bild geschmückt, der das letzte Abendmahl Jesu mit seinen Jüngern darstellt. Die Orgelempore ist eindrucksvoll bemalt. Die weitere Innenausstattung der Kirche stammt aus der zweiten Hälfte des 17. Jhs. Im Ersten Weltkrieg wurde die Kirche schwer beschädigt, danach aber nach alten Plänen wieder vollständig aufgebaut und restauriert. Die Gemeinde hat eine eigene Homepage – in polnischer und deutscher Sprache *(www.turysta.net.pl/gminy/milki/).*

Owczarnia/Schäferei **[109 E5]**

★ Keine 2 km hinter Martiany weist ein kleines Schild nach links: *Owczarnia* steht drauf und *Muzeum Mazurskie.* Wer dem Schild folgt, rumpelt noch gut 1,5 km über einen dämmrigen Waldweg und steht schließlich vor einer Ansammlung von Bauernhäusern. Das ist die Schäferei, in der 1996 Aleksander Puszko ein privates Masurisches Museum gründete. Mit Hilfe der einheimischen Jugend hat er die Hütte aus dem 19. Jh. restauriert und im Stil masurischer Bauernhäuser eingerichtet. Zu sehen gibt es viele Haushaltsgeräte und Möbel, die noch gar nicht so alt sind, aber schon vorsintflutlich wirken. An Sommerabenden wird hier oft gegrillt, insbesondere, wenn sich eine Gruppe angesagt hat *(Tel. 089/752 20 23). Di–So 9 Uhr bis Einbruch der Dunkelheit, wenn geschlossen ist, bei den Nachbarn klopfen*

Przykop **[110 B6]**

Im Weiler Przykop, der zur Gemeinde Miłki/Milken gehört, kann man ein altes Gutshaus aus dem 18. Jh. besichtigen – auf einem Spaziergang, der dann zur *karczma* (Gaststätte) führen sollte, denn in der früheren Schmiede mit großem Kamin und einfachen Holztischen kann man ganz ausgezeichnet essen. Sie ist in ganz Masuren für ihre hervorragende Küche berühmt. Es gibt Hammel- und Ziegen-Schaschlik, zahlreiche Fischgerichte und russische Piroggen *(Przykop 1, Tel./Fax 087/421 10 86,* €€).

Insider Tipp

Puszcza Borecka/ Borkener Forst **[110–111 C–D 3–4]**

★ Über Kruklanki/Kraukeln am Jezioro Gołdapiwo/Goldaper-See gelangt man zu einem in Europa einzigartigen Waldgebiet, dem Borkener Forst. Der 230 km² große Mischwald entwickelte sich über Jahrhunderte völlig urwüchsig. 1956 wurden im Borkener Forst Wisente aus dem Białowieski-Nationalpark ausgesetzt. Inzwischen zählt die Herde rund 70 Tiere. In der *Försterei Wolisko/Waldsee (tgl. 9–15 Uhr)* kann man sich die Holztürme und Plattformen zeigen lassen, von denen man am ehesten einen Blick auf diese seltenen Tiere werfen kann. Da die bis zu 1000 kg schweren Tiere sehr scheu sind, ist dies meist nur bei Tagesanbruch möglich oder im Winter, wenn sie sich auf Nahrungssuche auf die offenen Felder begeben.

Insider Tipp

Der Borkener Forst liegt im so genannten Hügeligen Masuren/Mazury Garbate. Der Góra Lipowa/Lindenberg, der Góra Gęsia/Räuberberg und der Diabla Góra/Teufelsberg sind immerhin alle über 200 m hoch. Dazwischen liegen tiefe Schluchten, fließen kleine Bäche, breiten sich Sümpfe oder kleine Strudelseen aus. Da durch die vier Naturreservate kein markierter Wanderweg führt, sollten Sie auf der geteerten Waldstraße bleiben und am besten mit dem Fahrrad von der *Försterei Wolisko* aus eine Schleife durch den Urwald fahren. Die längste zugängliche Strecke ist 55 km lang. In der Försterei ist eine Karte mit eingezeichneten Abzweigungen der Straße erhältlich. Es empfiehlt sich nicht, auf eigene Faust den Urwald entdecken zu wollen. Die Gefahr, sich zu verlaufen, ist zu groß. Und andere Spaziergänger wird man kaum treffen. Dafür ist die Chance, von dieser kleinen Waldstraße aus anderen Spezies zu begegnen, ziemlich groß: Außer Füchsen und Hasen, Dachsen und Mardern bekommen Sie mit etwas Glück auch Hirsche, Wildschweine, Elche und sogar Wölfe in freier Wildbahn zu sehen. An den drei kristallklaren Waldseen, auf denen man auf dem Weg von der Försterei Wolisko in die Dörfer Borki/Borken, Mazury/Masuren oder Szwalk/Schwalg vorbeikommt, leben u. a. seltene Schwarzstörche, See- und Schreiadler (Fischadler). Hier können auch Boote ausgeliehen werden.

Wer dieses unvergleichliche Naturparadies ein paar Tage lang erkunden möchte, sollte dies von *Kruklanki/Kruklanken* aus tun. Hier sind viele Bauern auf Gäste eingerichtet und bieten Bed & Breakfast an oder Vollpension. *Adressen: Informacja Turystyczna/Touristeninformation, ul. 22 Lipca 19, Tel. 087/421 73 01 (Juni–Sept.) oder bei Herrn A. Faliszewski, ul. 22 Lipca 23, Tel. 087/421 70 77 (außerhalb der Saison)*

KĘTRZYN/ RASTENBURG

[109 D–E4] Wenn Ihnen am helllichten Tag ein Ritter in voller Rüstung begegnen sollte, ist dies ein untrügliches Zeichen dafür, dass Sie in Kętrzyn angekommen sind. Jedes Jahr im August findet hier ein großes Turnier statt, zu dem »Ritter« aus ganz Polen anreisen und sich in verschiedenen Waffengattungen messen. Minnesang, Spanferkelbraten, Korbflechten und Kerzenziehen gehören ebenso zu den Ritterspielen (Insider Tipp) wie Modeschauen für die Damen der Gesellschaft. Die meisten Ritter wohnen zünftig in einer Zeltstadt, doch wer mit Kind und Kegel anreist, begegnet Ihnen möglicherweise am Frühstücksbuffet Ihres Hotels.

Kętrzyn, mit 30 000 Ew. eine der größten Städte Masurens, ist in der Vergangenheit so oft von Kriegen heimgesucht worden, dass die Melancholie sich wie eine ewige Trauer über die Stadt gelegt zu haben schien. Kętrzyn wurde und wird bis heute meist nur mit der Wolfsschanze, mit Hitlers Hauptquartier in Ostpreußen also, in Verbindung gebracht. Dabei liegt dieses einige Kilometer entfernt mitten im Wald bei Gierłoż/Görlitz. Dass es in Kętrzyn eine gut erhaltene Ordensburg und eine imposante Wehrkirche gibt, weiß hingegen fast niemand. Ganz bewusst kehrt Kętrzyn daher spielerisch in die Zeit des Ordensstaates und der polnischen Aufstände gegen die Kreuzritter zurück. Dass auf der großen Abschiedsschlacht natürlich immer die deutschen Ritter von den polnischen geschlagen werden, ver-

Kętrzyns Wurzeln liegen in der Zeit des Ordensstaates

steht sich von selbst. Selbst die beiden Bezeichnungen für die Stadt an der Guber haben mit den Kreuzrittern zu tun: Lange bevor der Deutsche Orden in die Region kam, hatte der pruzzische Stamm der Barten hier die Siedlung Rast (dt. Pfahl) gegründet. Nach dem Bau der Ordensburg hängten die Ritter einfach das Wörtchen Burg an – und so entstand Rastenburg. Nach dem Krieg wurde die Stadt nach dem Historiker Wojciech Kętrzynski (1838–1918) benannt, der zwar als Sohn eines preußischen Offiziers noch auf den Namen Adalbert von Winkler getauft worden war, später aber – nachdem er von den polnischen Wurzeln der Familie erfahren hatte, den Namen geändert hatte und zu einem der engagiertesten Kämpfer für die polnische Bewegung in Masuren wurde. Kętrzyn symbolisiert daher den Kampf gegen den Deutschen Orden und gegen die Preußen.

SEHENSWERTES

Gotische Ordensburg

Die viereckige Trutzburg der Kreuzritter ist ein wertvolles Denkmal der gotischen Militärarchitektur. Die Burg wurde mehrfach umgebaut, um die Verteidigungs- und Wohnfunktionen zu optimieren. Umgeben ist die Burg von einer Wehranlagen mit 13 Basteien, in deren südwestlicher Ecke sich eine imposante Wehrkirche mit einem 48 m hohen Turm erhebt. Im *Burgmuseum* ist bereits im Parterre die wertvolle Reiterstandarte Friedrichs von der Groeben (1645– 1712), dem einstigen Besitzer der Dörfer Łabędnik und Łankiejmy interessant. Groeben kämpfte im polnischen Heer unter König Johann III. Sobieski. Während im Parterre auf einen deutschen Adeligen verwiesen wird, der im polnischen Heer Karriere machte, ist im Obergeschoss ein kleiner Saal dem Historiker Wojciech Kętrzynski gewidmet. Sehenswert ist auch die kleine Ausstellung über die frühere Freimaurer-Loge und die Fotoausstellung über das Rastenburg der Vorkriegszeit. *Mitte Juni–Mitte Sept. Di–Fr 10–19, Sa und So 10–16 Uhr, sonst Sa–Mo 10–15 Uhr*

Insider Tipp

Loge der Freimaurer

Nur ein paar Schritte von der St.-Johannes-Kirche entfernt erhebt sich ein neugotisches, rechteckiges Bauwerk mit vier achteckigen Türmchen: der ehemalige Sitz der Rastenburger Freimaurerloge »Drei Tore zum Tempel im Osten«. Dieses Haus gehört zu den wenigen gut erhaltenen Beispielen der Freimaurerarchitektur in Polen. Heute ist hier das Kulturhaus Kętrzyns untergebracht.

St.-Georgs-Kirche

Die Kirche mit dem 48 m hohen Wehrturm war Teil der Befestigungsanlagen der Stadt und wirkt selbst wie eine Burg. Es ist die einzige dreischiffige gotische Ziegelkirche in Masuren. Im Hauptschiff kann man deutlich eine Krümmung des Presbyteriums nach links erkennen, so als würde das Bauwerk die Bewegung nachvollziehen, die Christus am Kreuz macht: Am Kruzifix senkt er den Kopf nach links. Eine andere Erklärung hebt hervor, dass das Presbyterium nicht mehr gerade gebaut werden konnte, weil der Glockenturm früher erbaut wurde und gewissermaßen im Weg stand.

Stado Ogierów

Anders als früher werden im 1877 gegründeten Hengstgestüt heute vor allem Kaltblüter gehalten (130 Pferde). Ursprünglich hatte man hier Trakehner und andere ostpreußische Pferderassen gezüchtet. Neben den Kaltblütern züchtet das Gestüt heute Hengste edler Rassen, vor allem Araber und englische Vollblüter. Hier kann man Reitstunden nehmen, Ausflüge in die Umgebung machen, das Gestüt mit immerhin 200 Plätzen in den Stallungen besichtigen – mit Führung in deutscher Sprache – und das Kutschenfahren erlernen. *ul. Bałtycka 1, Tel. 089/752 51 71*

ESSEN & TRINKEN

Restauracja Belje

Insider Tipp

Gute masurische Küche in einer holländischen Windmühle aus dem 19. Jh. *Kein Ruhetag, Stara Różanka, 5 km nördlich von Kętrzyn, Tel. 089/751 13 70,* €€

ÜBERNACHTEN

Hotel Koch

Ein neues Hotel im Stadtzentrum mit 20 Zimmern, alle mit TV und Telefon. Im Hotel gibt es ein Restaurant und eine Bar. Außerdem können hier Wassersportgeräte ausgeliehen werden. *ul. Traugutta 3, Tel. 089/752 20 58, Fax 752 23 90, koch@post.pl,* €€€

Zajazd Pod Zamkiem

Die Herberge, zu Füßen der alten Ordensburg gelegen, bietet 16 Einzel- bis Vierbett-Zimmer an, alle mit Bad, Fernsehen und Telefon. Es gibt ein gemütliches Restaurant mit polnischer und chinesischer Küche (€) sowie eine Bar. *ul. Struga 3, Tel. 089/752 31 17, Fax 752 41 20,* €€

AUSKUNFT

Staatliches Reisebüro PTTK
ul. Pocztowa 5, Tel. 089/752 29 78, Mo–Fr 8–11 Uhr

ZIELE IN DER UMGEBUNG

Drogosze/ Dönhoffstädt [108 C2]

Die ganze Pracht der einstigen ostpreußischen Adelsgesellschaft ist in Drogosze an der Landstraße 590 zwischen Korsze und Barciany zu sehen, knapp 20 km nördlich von Kętrzyn. Der weiße, klassizistische Bau mit seinen beiden Seitenflügeln erstreckt sich malerisch an einem See. Nach dem Zweiten Weltkrieg lernten hier angehende Landwirte, wie man Felder bestellt und einen Hof führent. Inzwischen befindet sich das Schloss in Privatbesitz. Marion Gräfin Dönhoff, Herausgeberin der Hamburger Wochenzeitung »Die Zeit«, verbrachte ihre Kindheit übrigens nicht hier, in dem nach einem Seitenzweig ihrer Familie benannten Ort, sondern in Friedrichstein. Das dortige Familienschloss war auch nicht viel kleiner, ist aber heute völlig zerstört. Im Dorf Drogosze gibt es eine gotische Kirche mit der Grabkapelle der Familie Dönhoff.

Wolfsschanze/ Wilczy Szaniec [109 E4]

★ Keine 10 km von Kętrzyn entfernt liegt mitten im Wald Hitlers ehemaliges Hauptquartier in Ostpreußen, die Bunkerstadt Wolfsschanze. Heute ziehen die über 80 Bunkerruinen jedes Jahr rund 200 000 Besucher an – vor allem aus Polen und Deutschland, aber auch aus Russland, Holland, Österreich und Amerika. Seit 1992 erinnert ein kleines Denkmal an das missglückte Attentat auf Hitler vom 20. Juli 1944. Lange hatten deutsche und polnische Diplomaten um den richtigen Wortlaut für die Inschrift gerungen. Am Ende einigte man sich auf den Text: »Hier stand die Baracke, in der am 20. Juli 1944 Claus Schenk Graf von Stauffenberg ein Attentat auf Adolf Hitler unternahm. Er und viele andere, die sich gegen die nationalsozialistische Diktatur erhoben hatten, bezahlten mit ihrem Leben.« Bis zur Wende in Polen hatten die Kommunisten des Landes das Attentat auf Hitler als einen »Mythos« be-

Überreste nationalsozialistischen Größenwahns: die Wolfsschanze

zeichnet oder völlig geleugnet. Deutsche kommen oft mit Blumen in die Wolfsschanze, um sie am Grab des Widerstandskämpfers niederzulegen, das sich aber gar nicht hier befindet. Für viele Polen ist das unverständlich, weil sie eben nicht wissen, dass Deutsche sich heute eher in der Nachfolge der Widerstandskämpfer begreifen wollen, denn als Nachfolger der Nationalsozialisten. Polen vermuten oft, dass Deutsche hier insgeheim Hitler verehren und mit den Blumen dem Schicksal dafür danken, dass »der Führer« am 20. Juli 1944 noch einmal mit dem Leben davongekommen sei. 800 Tage, fast drei Jahre lang, hat Hitler mit kurzen Unterbrechungen hinter 7 m dicken Stahlbetonwänden gelebt. Mit dem Näherrücken der Roten Armee wurde es ihm in der Wolfsschanze zu gefährlich. Am 20. November 1944 verließ er sie. Da das Führerhauptquartier nicht in die Hände der Sowjets fallen sollte, versuchten Sondereinheiten der Wehrmacht sie mit bis zu 12 t (!) Sprengstoff pro Bunker zu sprengen. Dies gelang nicht. So zeugen noch heute die Ruinen dieser Bunkerstadt vom Wahnsinn des nationalsozialistischen Diktators.

Der Wilczy Szaniec ist heute ein Privatunternehmen. Die Führungen sind teuer und nicht sehr informativ. Es ist sinnvoller, sich in einem der vielen Kioske einen Routenplan mit den durchnummerierten Bunkern zu kaufen oder eines der Fachbücher, die dort in reicher Auswahl und auch in deutscher Sprache angeboten werden. *Tgl. bis zum letzten Tageslicht, Eintritt 20 Zł 10 Zł fürs Parken (außerhalb der Wolfsschanze ist das Parken verboten), Führung mindestens 50 Zł*

MRĄGOWO/ SENSBURG

[113 D1] Mrągowo (22 000 Ew.) macht auf den ersten Blick keinen bemerkenswerten Eindruck, und Sehenswürdigkeiten gibt es auch kaum. Trotzdem strahlt diese Sommerfrische in der Provinz eine angenehme Atmosphäre von Urlaub, Badefreuden und Es-sich-gut-sein-lassen aus. Das liegt an den fünf Seen in und rund um Mrągowo sowie an den vielen Festivals, für die die Stadt in ganz Polen bekannt ist. Das berühmteste, das »Piknik Country Mrągowo« lockt jedes Jahr im Juli Tausende von Country-Fans in den Norden Polens.

Auch Mrągowo geht auf eine Gründung der Kreuzritter zurück. Ausnahmsweise steht aber in diesem Ort keine Burg. Die Siedlung wurde von Sehesten, heute Szestno, aus verteidigt. Der Name Sensburg hat sich möglicherweise aus »Seenburg« entwickelt. Den polnischen Namen Mrągowo erhielt die Stadt 1947 nach Krzysztof Celestyn Mrongowiusz (1764–1855), der die Vorlesungen Immanuel Kants an der Königsberger Albertina gehört und danach eine »Philosophische Abhandlung über Religion und Moral« in polnischer Sprache veröffentlicht hatte. Der Gelehrte galt als ein großer Fürsprecher der polnischen und masurischen Bevölkerung bei den preußischen Behörden.

SEHENSWERTES

Stadtzentrum

An den Hauptstraßen *Warszawska, Ratuszowska* und *Królewska* stehen noch heute einige sehenswerte Patrizierhäuser aus dem 19. Jh., darunter auch einige mit klassischer Jugendstilfassade. Die *Evangelisch-Augsburgische Kirche* aus dem 18. Jh. an der ul. Kościelna hat ein modernes Innenleben, ganz in der Nähe halten Gläubige in einem griechisch-katholischen Kirchlein ihre Gottesdienste ab, und an der ul. Królewska wird in der imponierenden neogotische *St.-Adalbert-Kirche* im römisch-katholischen Ritus gebetet.

Am plac Kajki befindet sich im Rathaus, das von einem Uhrtürmchen geschmückt wird, auch ein kleines *Regionalmuseum* mit einer Ausstellung zum historischen Sensburg. Ein paar Schritte weiter kann in einem zweiten Museumsgebäude eine *Ausstellung über den deutschen Heimatdichter Ernst Wiechert* besichtigt werden *(in der Saison Di–Fr 9–17 Uhr, sonst Mo–Fr 10–16 Uhr)*.

Góra Czterech Wiatrów

Insider Tipp

Einer der schönsten Aussichtspunkte in der Masurischen Seenplatte liegt auf der Halbinsel, die in den Jezioro Czos/Schoß-See hineinragt. Von dem höchsten Punkt kann man einen überwältigenden Panoramablick genießen. Nicht umsonst heißt diese Stelle »Berg der vier Winde«. Am besten gelangt man dorthin über einen Feldweg, der von der Straße Mrągowo/Sensburg–Mikołajki/Nikolaiken nach ca. 4 km abzweigt.

ESSEN & TRINKEN

Restauracja Błękitna

Polnische und europäische Gerichte, die Spezialität des Hauses: Karpfen mit Rosinen in Gelee. Im Hotel Mongrovia. *ul. Giżycka 6, Tel. 089/74 13 22 19, dann weiterverbinden lassen mit der Nummer 894 oder 889 (keine Durchwahl möglich),* **€€€**

Piknik Country Festival

Jedes Jahr im Juli ist Mrągrowo Polens Country-Hauptstadt

Während tagsüber vom »Country-Rausch« der Stadt nicht viel zu spüren ist, da die Segler auf den Seen gegen den Wind kreuzen, die Radfahrer Ausflüge in die Umgebung machen, die Kajakfreunde die Flüsse rauf- oder runterpaddeln, füllt sich gegen Abend das 4500 Menschen fassende Amphitheater am Strand des Jezioro Czos/Schoß-Sees. Die Segelboote werden vertäut, die Cowboyhüte aufgesetzt und die US-Flaggen aus dem Rucksack geholt. Wenn dann das Spektakel auf der Bühne beginnt, glaubt man eher im Mittelwesten der USA zu sein als mitten im polnischen Masuren. Die Segelboote schaukeln im Takt des Country-Rock, hier und da leuchten kleine Lagerfeuer auf, viele singen mit. Und im Jahr darauf sind alle wieder da. Karten (45–90 Zl) im *Centrum Kultury i Turystyki, Tel. 089/41 30 63*

Stara Chata/Alte Mühle
Ein neues Restaurant, eingerichtet wie ein Wirtshaus aus alten Tagen mit Holzbohlen an der Decke und ausladendem Bufettschrank, polnische und europäische Küche, insbesondere Fisch und Piroggen. *ul. Warszawska 9, Tel. 089/741 45 02, 11–23 Uhr, €€*

ÜBERNACHTEN

Hotel Mrongovia
Das Hotel mit insgesamt 215 Doppelzimmern liegt malerisch zwischen Waldrand und Seeufer des Schoß-Sees. Zwei Restaurants, eine Café-Disko und eine Bar. Für das Wohlbefinden sorgen ein Hallenbad, Sauna und Solarium, ein Massageraum und ein Fitness-Studio. Es können Wassersportgeräte ausgeliehen und Reitstunden gebucht werden. *ul. Giżycka 6, Tel. 089/74 13 22 19, Fax 741 32 20, www.orbis.pl, €€€*

Pensjonat Edyta
Zu der modernen Villa gehört ein großer Garten, der zu einem Fischteich mit Bootsanlegestelle führt. Alle Einzel- und Doppelzimmer mit Bad. Auf Wunsch auch Halb- oder Vollpension. *13 Zi., ul. Laskowa 10, Tel. 089/741 43 66, pensjonatedyta@poczta.fm, €€€*

FREIZEIT & SPORT

Centrum Kultury i Turystyki
Das Zentrum für Kultur und Tourismus organisiert Bus- und Fahrrad-Ausflüge in die Umgebung, außerdem geführte Wanderungen zu besonders schönen Aussichtspunkten, an den Seen entlang oder durch die Landschafts- und Naturschutzgebiete. Wassersportgeräte- und Fahrrad-Verleih. *ul. Warszawska 26, Tel. 089/741 30 63, 741 35 22*

Erfrischungsbad in Mrągowo

AUSKUNFT

Mrągowska Agencja Turystyczna »Mat«
Das Touristenbüro hilft auch bei der Zimmerreservierung und verkauft Fahrkarten für internationale Busverbindungen. *ul. Ratuszowa 5, Tel. 089/741 83 31, Fax 089/74 18 15, in der Saison Mo–Fr 9–17, Sa 10–14 Uhr, sonst Mo–Fr 9–16, Sa 10–13 Uhr*

ZIELE IN DER UMGEBUNG

Sądry/Zandern **[113 E1]**
★ Knapp 8 km von Mrągowo entfernt haben Krystyna und Dietmar

Dickti in Sądry ein kleines Privatmuseum eingerichtet: die *Chata Mazurska* – das »Masurische Bauernhaus«. Gesammelt hat das Ehepaar viele alte Hausgeräte und Möbel, wie sie für masurische Bauernhäuser typisch sind. Damit wurde das 200 Jahre alte Haus eingerichtet. In der Scheune haben Hausgeräte und landwirtschaftliche Maschinen ihren Platz gefunden. Seinen besonderen Reiz gewinnt dieses masurische Mini-Freilichtmuseum dadurch, dass die Dicktis einst selbst in diesem Haus gewohnt haben. Inzwischen haben sie sich ein neues, moderneres gebaut und nehmen auch Gäste auf. *Anmeldung: Sądry 3 in 11-704 Użranki, Tel. 089/741 40 11; Museum tgl. 10–18 Uhr*

RYN/RHEIN

[109 E–F 6] Dass Ryn seit einigen Jahren immer mehr Touristen anzieht, liegt nicht nur an seiner attraktiven Lage zwischen dem Jezioro Ryńskie/Rheinischen See und dem etwas kleineren Jezioro Ołów/Olloff-See oder der mächtigen die Stadt überragenden *Ritterburg* aus dem 14. Jh. Es liegt in erster Linie an den fantasievollen Ritterspielen und vor allem Festessen, die als große Kostümfeste in der alten Ordensburg stattfinden. Die Gäste lernen beim »Ritterschmaus« nicht nur zahlreiche Gerichte der altpolnischen Küche kennen, sondern auch die Tischsitten der damaligen Zeit, die Tafelmusik, sowie – am späteren Abend – die Tänze der höfischen Gesellschaft. Je nach Alter der Ritter, Hofdamen und Edelfräulein gehen die Walzer- und Polka-Rythmen dann irgendwann über in Pop, HipHop oder Techno, was die meist ohnehin ausgelassene Stimmung weiter anheizt.

Insider Tipp

Das Städtchen mit seinen heute 3200 Ew. hatte mit den prunkvollen Überresten der Geschichte des Deutschordensstaates lange nichts anfangen können, die Burg sogar 1853 in ein Gefängnis umgewandelt, später – in polnischer Zeit – in ein Verwaltungsgebäude. Dabei hatte Adam Mickiewicz, Polens Nationaldichter, sogar ein Epos nach dem ersten Komtur dieser Ritterburg und späteren Hochmeister des Deutschen Ordens benannt: Konrad Wallenrod.

SEHENSWERTES

Holländische Windmühle

Wenn man die Hauptstraße Giżycko–Mrągowo/Lötzen–Angerburg entlangfährt, sieht man oben auf einem Berg die Holländische Windmühle aus dem 19. Jh. Da sie in Privatbesitz ist, kann sie leider nur von außen besichtigt werden. Von der Mühle aus hat man einen wunderschönen Blick aufs Tal und den in der Tiefe liegenden Jezioro Ryńskie/Rheinischen See.

ESSEN & TRINKEN

Karczma u Wallenroda

In der Gaststätte sollten Sie das regionale Bier »Jurand« probieren. Auch Fahrradverleih. *pl. Wolności 3a, Tel. 087/421 86 75,* €€

Podzamcze/Zur Burg

Großer Saal mit langen Tischen und vergoldeten Stühlen. Auf der Karte stehen vor allem Fischgerichte, aber auch Wildspezialitäten. Abends wird oft zum Tanz aufgespielt. *pl. Wolności 1, Tel. 087/421 80 73, 087/421 80 05, 0602/82 02 62, www.mazury.info.pl/podzamcze,* €€

U Komtura
Kleines Restaurant »Beim Komtur« mit großer Speisekarte, in der Saison spezialisiert auf Fisch. *ul. Mikołaja Kopernika, kein Tel.,* €

ÜBERNACHTEN

Agroturystyka
Ferien auf dem Bauernhof: In der Garten-Villa am Jezioro Ryńskie/Rheinischen See gibt es einige Doppelzimmer mit Bad. Es können Kajaks und Segelboote ausgeliehen werden. *ul. Świerczewskiego 10, Tel. 087/421 85 25,* €

Hotel Żero
Auf einem kleinen Berg gelegen, 70er-Jahre-Stil, 33 Einzel- bis Vierbettzimmer mit Bad, Fernsehen und Telefon. Im Hotel gibt es ein Restaurant und eine Bar, ein Schwimmbad und eine Sauna. Es werden Wassersportgeräte ausgeliehen. *ul. Partyzantów 5 , Tel. 087/421 85 40, Fax 087/421 85 39,* €€€

Pensjonat Hetman
In der Pension gibt es über 10 Doppel- bis Vierbettzimmer. Bad auf dem Korridor. *ul. Kopernika 18, Tel. 087/421 87 14,* €€

FREIZEIT & SPORT

Ritterschmaus und -spiele, Kostümbälle
Information und Buchung bei der Touristeninformation und unter *www.Mazury.com.pl/atrakcje,* dann anklicken: *Biesiady Rycerskie na Zamku-Ryn* – dort gibt es auch einen erläuternden Text auf Deutsch.

Holländische Windmühle in Ryn

AUSKUNFT

Touristeninformation
Agencja Turystyki i Promocji Komtur, pl. Wolności 2, Tel./Fax 087/420 72 44, www.ryn-mazury.polbox.pl

SZTYNORT/STEINORT

[109 F3] Wer mit dem Segelboot oder Schiff vom Jezioro Mamry/Mauersee aus Sztynort ansteuert, dem bietet sich ein wunderschöner

Blick vom See hinauf zum ehemaligen ★ *Schloss der Grafen Lehndorff.* Die herrschaftliche Anlage wirkt von ferne, als würden hier rauschende Bälle gefeiert. Man meint geradezu die Walzerklänge zu hören, das leise Klirren der Champagnergläser, das Lachen der erhitzten Festgäste. Doch je näher man kommt, umso mehr erweist sich diese Vorstellung als ein Traumbild. Zwar genügt der Hafen inzwischen modernsten Ansprüchen, doch das Bootswrack auf der linken Seite der Hafeneinfahrt stimmt schon ein auf den tatsächlichen Anblick des Schlosses. Die kommunistische Partei Polens hatte die Motorjacht Ira einst dem sowjetischen Parteichef Nikita Chruschtschow schenken wollen. Der aber kam nie nach Masuren. So modert das Schiff seit Jahrzehnten vor sich hin. Wenige Hundert Meter weiter ragen zwei hässliche sozialistischgraue Wohnklötze in den Himmel, danach sieht man erst die beiden Wirtschaftsflügel mit den ehemaligen Stallungen, schließlich das einst herrliche Schloss mit den Resten eines Parks im englischen Stil.

Der letzte deutsche Besitzer, Heinrich Graf von Lehndorff, hatte während des Zweiten Weltkrieges der Widerstandsbewegung angehört und das Attentat auf Hitler mit vorbereitet. Nach dem Scheitern des Attentats in der knapp 20 km entfernten Wolfsschanze konnte Graf Lehndorff durch einen mutigen Sprung aus dem Fenster der Gestapo entkommen. Später wurde er doch gefasst und 1944 ermordet. Außenminister Joachim von Ribbentrop, der bereits 1941 seine Residenz nach Schloss Steinort verlegt und den eigentlichen Eigentümern, den Lehndorffs, einen Seitenflügel zugewiesen hatte, requirierte zwar das Schloss nach dem Attentatsversuch, verließ es jedoch im November 1944 für immer.

Das über 400 Jahre alte Schloss, das von Tartaren verwüstet und danach im Stil des Barock wieder aufgebaut wurde, hat alle Kriege weitgehend unbeschädigt überstanden. Doch nun steht es kurz vor dem Einsturz. Wenn nicht bald etwas geschieht, wird das Schloss bald nur noch eine malerische Ruinenkulisse für den Yachthafen abgeben. Versuche, das Schloss zu retten, scheiterten zumeist am Widerstand der Ratsherren im Stadtrat. Der Verfall des Schlosses hatte aber bereits 1945 eingesetzt, als die Rote Armee das Gebäude als nördliche Sammelstelle in Polen für deutsche Kunstsammlungen, Möbel und wertvolle Gegenstände nutzte, die später weiter nach Russland transportiert werden sollten. Danach übernahm eine Landwirtschaftliche Produktionsgenossenschaft das Schloss und die dazugehörenden Ländereien. Über Jahrzehnte hinweg wurde nichts renoviert oder ausgebessert, weil die Grenze nicht sicher schien. Die Angst vor der Rückkehr der Deutschen, die den Polen wieder alles wegnehmen würden, war zu groß.

Węgorzewo/ Angerburg

[110 A2] Der Jezioro Mamry/Mauersee ist so groß, dass hier Wasserskiläufer über Schanzen preschen können, Windsurfer und Segler die frische Brise nutzen und die Ausflugschiffe über den See kreuzen

Reger Betrieb am Yachthafen von Węgorzewo

können, ohne dass der Eindruck entstünde, es sei eng oder laut. Der Mauersee, an dem das 13 000-Seelen-Städtchen Węgorzewo liegt, ist der zweitgrößte See Polens. »Die Pforte nach Masuren« nannten die Königsberger das kleine Angerburg einst, denn hier beginnt die weite, herrliche Wasserstrecke über die großen Masurischen Seen. Heute liegt zwischen dem polnischen Węgorzewo und dem russischen Kaliningrad eine Staatsgrenze. Wer sich noch in Deutschland ein Visum besorgt hat, kann von den Masurischen Seen aus einen Tagesausflug nach Kaliningrad/Königsberg machen und am Tag darauf die Lieblingsstrecke der meisten Segelfans von Węgorzewo nach Pisz/Johannisburg entlangsegeln.

Viele Wassersportler packen stets ein Fernglas mit ein, wenn es in Richtung Masurische Seen geht. In der Nähe von Węgorzewo liegt eines der interessantesten Naturschutzgebiete, die »Sieben Inseln«. Neben Sumpf- und Moorgebieten, wild bewachsenem Brachland und hellen Laubwäldern, kann man hier mit dem Fernglas auf die Pirsch gehen und so seltene Vögel wie den Nachtreiher beobachten, den Fischadler oder den Schwarzstorch, aber auch Kraniche, Wildgänse und Kormorane. Seit einigen Jahren leben hier sogar wieder polnische Wildpferde.

SEHENSWERTES

Kreuzritterburg

Beim ersten Hinsehen erkennt man bei der Kreuzritterburg nicht, dass es sich um eine Burg handelt. Das mitten in der Stadt gelegene, ockerfarbene Gebäude erinnert eher an eine Kaserne oder einen großzügig geplanten Wohnblock. Tatsächlich hatten die Kreuzritter nach der Vertreibung der Pruzzen im 14. Jh. keine Wehrburg mit Verteidigungsanlagen gebaut. Überhaupt scheinen sich die Ritter hier eher gelangweilt zu haben. Rund 100 Jahre später verpfändeten sie die Burg und zogen von dannen. Die Burg kann nur von außen besichtigt werden, sie ist in Privatbesitz.

MUSEUM

Museum der Volkskultur
Das Museum der Volkskultur ist weit über die Grenzen der Stadt hinaus bekannt, da hier nicht nur das übliche Kunsthandwerk der Gegend gesammelt und gezeigt wird, sondern die Volkskultur aktiv gepflegt wird. Mit dem Museum arbeiten viele Künstler zusammen. Es werden insbesondere für junge Leute Kurse angeboten, in denen sie das Klöppeln erlernen können, das Schnitzen dieser urigen masurischen Tierwelt, das Weben der Wandteppiche mit den hier tradierten Mustern. Im Museumslädchen (Insider Tipp) haben Sie die Qual der Wahl: eine der urigen Schnitzfiguren oder doch besser den mit bunten Bauernmotiven bemalten großen Teller? Oder vielleicht besser das Holzspiel für die Kinder? *Ul. Portowa 1, Mo–Fr 8–18, Sa und So 10–15 Uhr*

ESSEN & TRINKEN

Karczma
Eingerichtet ist das Wirtshaus wie eine echte Dorfkneipe. Viel Fisch, aber auch Fleischgerichte und Piroggen. *Kein Ruhetag, ul. Zamkowa 10, Tel. 087/427 32 23, €€*

ÜBERNACHTEN

Hotel Nautic
Die bunte Villa liegt direkt am Mlynski-Kanal. Es gibt einige Einzel- und Doppelzimmer mit Bad, außerdem Apartments mit Bad und Küche, ein Apartment mit eigenem Garten und Schwimmbad. Restaurant mit Terrasse. Verleih von Fahrrädern, Booten und Wassersportgeräten. *ul. Słowackiego 14, Tel./Fax 087/427 20 80, €€€*

Pensjonat Pod Dębami
Die Pension liegt am Stadtrand, rund 700 m vom Święcajty-See entfernt. Zwei- und Dreibettzimmer, einige mit Bad. Halb-/Vollpension auf Wunsch, Volleyball- und Tennisplatz, Fischteich. *ul. Łuczańska 33, Tel./Fax 087/427 22 18, €€*

FREIZEIT & SPORT

Schiffsausflüge mit der Weißen Flotte
Die kürzeste Dampferfahrt auf dem Mauersee dauert ca. anderthalb Stunden. Von Węgorzewo aus können aber auch Tagesfahrten z. B. nach Giżycko/Lötzen unternommen werden – mit mehreren Zwischenstopps zum Besichtigen kleinerer Orte.

AUSKUNFT

Touristeninformation
Hier kann man Hotelzimmer oder Privatquartiere reservieren lassen, Schiffsfahrkarten erwerben oder eine Yacht chartern. *ul. Zamkowa 7, Tel./Fax 087/427 40 09, in der Saison tgl. 8–17 Uhr, sonst Di–Fr 8–17, So und Mo bis 15 Uhr*

ZIELE IN DER UMGEBUNG

Mamerki/Mauerwald [109 F3]
★ Während fast jeder schon einmal von der Wolfsschanze gehört hat, kennt kaum jemand den Namen Mamerki oder Mauerwald. Hier befand sich während des Zweiten Weltkrieges das Hauptquartier des Oberkommandos des Heeres, tief im Wald versteckt am Ufer des

Masurischen Kanals und nur 18 km östlich von der Wolfsschanze bei Kętrzyn/Rastenburg. Ist schon die Bunkerstadt dort mit ca. 80 Bunkern riesig, so steht man geradezu fassungslos vor der ehemaligen Bunkerstadt der Wehrmacht: Über 200 Bunker, Schuppen und Garagen stehen im Wald zwischen dem Jezioro Mamry/Mauersee und der Bahnstrecke Kętrzyn–Węgorzewo. Einst lebten hier 1500 Personen, darunter 40 Generäle. Anders als die Wolfsschanze ist die Bunkerstadt der Wehrmacht vor dem Näherrücken der Front nicht in die Luft gesprengt worden. Sie kann heute mit Hilfe eines Plans besichtigt werden. Außerdem gibt es markierte Wege, die man möglichst nicht verlassen sollte. Einige Mitglieder der Widerstandsgruppe 20. Juli wohnten hier, hatten hier Bomben und Zünder versteckt, außerdem die Geheimbefehle für den Tag nach dem Attentat auf Hitler.

Pozezdrze/Großgarten [110 B3] Insider Tipp
Wer mit offenen Augen durch Masuren fährt, gewinnt irgendwann den Eindruck, dass das eigene Geschichtsbild einer Revision bedarf. Denn in dieser wunderschönen Landschaft wimmelt es nur so von Bunkern und Wehranlagen aus dem Ersten und Zweiten Weltkrieg. Nur wenige Kilometer östlich von Sztynort stößt man auf die so genannte *Schwarzschanze/Czarny Szaniec,* das Feldquartier des früheren SS- und Polizei-Reichsführers Heinrich Himmler. Auch diese neun Bunker und unterirdischen Garagen versuchten die Deutschen beim Näherrücken der Roten Armee zu sprengen. Dies aber gelang nur unvollständig, und so sind die Bunkerruinen bis heute zu besichtigen. Es gibt keine Führungen. Daher sollten Sie sich vorher eine kleine Broschüre oder einen Plan des Bunkers besorgen. In der Wolfsschanze finden Sie eine große Auswahl.

Die schöne Landschaft verbirgt viele Wehranlagen aus dem Krieg

Burgen, Güter und Geschichte

Gerade im Westen der Masurischen Seen sind Zeugen der Vergangenheit nie weit

Bartoszyce/Bartenstein ist das »Tor zu Masuren«. Die westlichen Masurischen Seen werden von vielen Besuchern nur gestreift. Denn deren Ziel ist meist das klassische Masuren-Erlebnis: die Seen und Wälder. Dabei lohnt auch der gut überschaubare Westen einen Abstecher oder zumindest einige Ausflüge von den Ferienorten an der Seenplatte, gibt es doch viel Interessantes und Geschichtliches zu entdecken: von den Burgen des Deutschen Ordens, die im gesamten heutigen Nordpolen verteilt sind, über die teils verfallenen, teils restaurierten Adelspaläste und Güter preußischer Adelsfamilien bis hin zu Backstein- und Fachwerkhäusern in den Städten und Dörfern.

BARTOSZYCE/ BARTENSTEIN

[108 A2] Das Kleinstädtchen Bartoszyce (29 500 Ew.) am Ufer der Łyna/Alle ist nur 16 km von der Grenze zwischen Polen und der russischen Exklave Kaliningrad/Königsberg entfernt. Die Zeiten, in denen Bartoszyce der Königsberger Wirtschaft ernsthafte Konkurrenz bereitete, sind allerdings lange vorbei, nachdem erst eine Pestepidemie und dann der Einmarsch der napoleonischen Truppen Anfang des 18. Jhs. dem Aufschwung ein jähes Ende setzten. Hier in der Grenzregion geht es eher ruhig zu, auch wenn da und dort der Schmuggel und grenzüberschreitende Handel die Einkommen aufbessern. An der ul. Wybrzeże/Uferstraße am Ende der Altstadt sind noch Fragmente der *mittelalterlichen Stadtmauer* erhalten. Vom einstigen Wohlstand der Bartensteiner Kaufleute zeugen zwei *Speichergebäude* aus dem 18. und 19. Jh. in der ul. Bema und der ul. Strzeleckiego. Heute werden hier keine Waren mehr gelagert, sondern hungrige Mägen gefüllt – beide Speicher sind zu Restaurants umgebaut worden.

Massiver Backsteinbau: Schloss der ermländischen Bischöfe in Reszel

SEHENSWERTES

Kirche des hl. Evangelisten Johannes und der Gottesmutter von Częstochowa

Sie erreichen das älteste erhaltene Sakralbauwerk der Stadt, wenn Sie sich vom Marktplatz aus links halten und in die ul. Ofiar Oświęcimia (Straße der Auschwitz-Opfer) einbiegen. Die wahrscheinlich in der zweiten Hälfte des 14. Jhs. erbaute und 1678 umgestaltete Kirche hat die Form einer dreiteiligen Basilika mit Presbyterium, eingefasst von Strebepfeilern. Sehenswert sind vor allem das spätgotische Kruzifix im Mittelschiff und der dreiteilige Hauptaltar.

Kirche des hl. Johannes des Täufers

Die Kirche liegt außerhalb des ältesten Ortskerns jenseits der Bahnlinie am Flussufer. Verlassen Sie den Altstadtbereich durch das Lidzbarker Tor, gehen Sie nach rechts und biegen dann in die *ul. Nowowiejskiego* ein. Im Inneren der Kirche aus dem 15. Jh. befindet sich ein Barockaltar und eine barocke Kanzel, gestützt auf eine Engelsfigur aus der ersten Hälfte des 18. Jhs.

Lidzbarker Tor/ Markt in der Altstadt

Durch das einzige noch erhaltene Tor der Stadtmauer, das mit seinen von weitem sichtbaren Verteidigungszinnen an der Kreuzung der Umgehungsstraßen ul. Piłsudskiego und ul. Ogrodowa aufragt, gelangen Sie auf den Marktplatz von Bartoszyce, den *plac Konstytucji 3 Maja*. Am Lidzbarker Tor sind noch Fragmente der Wehrmauern vorhanden, die die Stadt in der Hälfte des 14. Jh. umgaben. Seit 1881 befand sich dort das Gefängnis. Der mittelalterliche Charakter der Altstadt ist auf dem Marktplatz ausgezeichnet erhalten, alle Straßen und Häuserblocks sind schachbrettartig angelegt.

Speicher

Aus der Wende vom 18. zum 19. Jh. stammend, dokumentieren sie die frühere Rolle von Bartoszyce im Getreidehandel. Sehenswert ist der Speicher in der *ul. Bema*, in dem sich heute das Restaurant Stodoła befindet. Sie erreichen ihn von der Kirche des Evangelisten Johannes aus.

ESSEN & TRINKEN

Restauracja Magor

Polnische und italienische Küche. *ul. Warszawska 22, Tel. 089/ 762 61 05, €€*

Restauracja Spichlerz Insider Tipp

Polnische Küche in einem ehemaligen Speicher. Die Spezialität des Hauses ist gefülltes Geflügel. *ul. Strzeleckiego 2, Tel. 089/762 66 57, €*

Restauracja Stodoła

Polnische Küche in einem ehemaligen Speicher. Zu den Spezialitäten des Lokals gehören gefüllte Teigtaschen *(pierogi). ul. Bema 11, Tel. 089/762 55 01, €*

ÜBERNACHTEN

Hotel Astra

In der Nähe des Marktplatzes: kleines Hotel mit gemütlicher Atmosphäre. Nicht alle Zimmer haben ein eigenes Bad. Zum Hotel gehören Bar und Restaurant. *10 Zi., ul. Kowali 2, Tel./Fax 089/762 38 75, www.astra.topnet.pl, €*

Hotel Bartis

Exklusivstes Hotel von Bartoszyce in einem eleganten Altbau am Marktplatz. Zum Hotel gehören ein

Restaurant, Café, Sauna und Whirlpool. *50 Betten, pl. Konstytucji 3 Maja 5, Tel. 089/762 17 60, Fax 762 12 15, bartis@hotel.pl, €€€*

FREIZEIT & SPORT

Kajak- und Bootsverleih
An der Łyna/Alle, ul. Jagiellończyka, Tel. 089/762 68 14

AUSKUNFT

Biuro turystyczne Ikar
pl. Konstytucji 3 Maja 29, Tel. 089/762 27 11, www.bartoszyce.pl

ZIELE IN DER UMGEBUNG

Łabędnik/ Groß Schwansfeld [108 B3]
In der Umgebung von Bartoszyce lohnt auf der Strecke nach Kętrzyn ein Zwischenstopp im Dorf Łabędnik. Außer der gotischen Kirche vom Ende des 14. Jhs. ist der Barockpalast der Familie von Gröbenow sehenswert. Der einstige Schlosspark mit seinem schönen alten Baumbestand ist heute ein Landschaftspark.

Łankiejmy/Langheim [108 B3]
Ebenfalls im Besitz der Familie von Gröbenow war bis zum 17. Jh. das Dorf Łankiejmy, 6 km östlich von Łabędnik an der Landstraße 592. Wie viele Orte in der Region wurde es vom Deutschen Orden gegründet. An Baudenkmälern kann Łankiejmy eine gotische Kirche vorweisen, im Landschaftspark befinden sich die Ruinen des Ende des 18. Jhs. erbauten Palastes.

RESZEL/RÖSSEL

[108 C4] Das verträumte Kleinstädtchen (5700 Ew.) hat mit seinen engen, kleinen Straßen seinen ursprünglichen Charakter beibehalten. Einst war der Ort für seine Handwerker berühmt – Schmiede, Maurer und Goldschmiede in den Diensten des Bischofs. Die meisten mittelalterlichen Holzhäuser fielen dem großen Brand von 1807 zum Opfer. Ihn hatte angeblich eine als Hexe verschriene Magd gelegt, die danach auf dem Markt hingerichtet wurde – es war die letzte Verurteilung einer »Hexe« in Europa.

MARCO POLO Highlights »Der Westen«

★ **Schloss der ermländischen Bischöfe in Reszel**
Mit Kunstgalerie, Café und schöner Aussicht (Seite 68)

★ **Wallfahrtskirche Mariä Verkündigung**
Eine Perle des Barock in Heiligelinde (Seite 70)

★ **Hotel Pałac Sorkwity**
Übernachten im denkmalgeschützten Palast (Seite 70)

★ Insider Tipp **Wanderung am Lampacki-See entlang**
Ein malerischer Weg mit schönem Ausblick beginnt in Sorkwity (Seite 70)

Auch wenn die Holzhäuser durch gemauerte Bauten ersetzt wurden, ist die schachbrettförmige Ansiedlung erhalten. In der nur etwa 250 mal 250 m umfassenden Altstadt sind das *Rathaus* aus dem 14. Jh., die beiden *gotischen Brücken* am Fluss, die spätbarocke *Heiligkreuzkirche* und die gotische *Pfarrkirche* sehenswert.

Schloss der ermländischen Bischöfe

★ Größte Attraktion von Reszel ist das einstige Schloss der Bischöfe. Der massive Backsteinbau mit seinen Rundtürmen stammt aus dem 14. Jh. Anfangs diente er dem Bischof als Residenz, dann dem Burggrafen als Heim, und im 17. Jh. wurde das Schloss wohl nicht zuletzt wegen der massiven Bauweise als Gefängnis genutzt. Heute ist im Schloss aber nicht mehr karges Leben bei Wasser und Brot angesagt, sondern Schöngeistiges: Die Zimmer der Burg werden häufig an Künstler vermietet, die hier Inspiration oder einfach nur Ruhe suchen. Und in einer Galerie sind regelmäßig Ausstellungen zeitgenössischer Kunst zu sehen. Vom Turm aus lässt sich ein schöner Blick auf das Städtchen gleich jenseits des einstigen Burggrabens genießen, wo heute die ul. Podzamcze verläuft. Sollte der Turm geschlossen sein, ist der Schlüssel zum Aussichtspunkt im Schlosscafé erhältlich.

ESSEN & TRINKEN

Bar Pod Kasztanem

Snackbar am Fluss im Schatten der Kastanienbäume, denen sie ihren Namen verdankt. Im Sommer werden auch draußen Tische und Sonnenschirme aufgestellt. *ul. Płowce 1, tgl. 8–24 Uhr,* €

Kawiarnia Galeria Reszel

Café und Galerie für zeitgenössische Kunst in einem schönen Altbau am Marktplatz. *ul. Rynek 5, Tel. 089/755 10 65,* €€

Kawiarnia Kaplica Insider Tipp

Café in der ehemaligen evangelischen Kapelle. Einen Gegensatz zu den alten Möbeln bilden die Werke moderner Malerei an den Wänden. *ul. Mickiewicza, Tel. 089/755 11 87,* €€

ÜBERNACHTEN

Hotel Zamek Reszel

Einfaches Hotel mit schöner Aussicht. *16 Zi., ul. Podzamcze 3, Tel. 089/755 07 59, 755 02 16, www.zamek-reszel.com,,* €€

AUSKUNFT

www.reszel.ug.gov.pl

ZIELE IN DER UMGEBUNG

Bisztynek/ Bischofstein **[108 A4]**

Die alte Handelsstadt (2800 Ew.) 20 km westlich von Reszel wurde im Zweiten Weltkrieg weitgehend zerstört. Zu den noch erhaltenen Sehenswürdigkeiten gehören die *gotische Kirche des Apostels Matthäus* mit ihrem barocken Hauptaltar und die im Renaissancestil erbaute *Michaeliskirche* am Friedhof.

Łężany/Lossainen **[108 C5]** Insider Tipp

Im 10 km südlich von Reszel gelegenen Dorf am Jezioro Legińskie/Leginski-See steht ein neobarockes Schloss vom Beginn des 20. Jhs. Wilder Wein rankt sich bis zum Dach. Der gepflegte Landschaftspark lädt zum Spazierengehen ein – vielleicht auch hinüber zu den neogotischen Wirtschaftsgebäuden.

SORKWITY/ SORQUITTEN

[112 C1] Auch Sie können in Masuren, dem Land alter Güter, Schlösser und Paläste, gegen bare Münze das Gefühl auskosten, Schlossherr auf Zeit zu sein. Einer dieser zum Hotel umgebauten Landsitze ist der *Pałac Bronikowskich/Bronikowski-Palast* in Sorkwity im Kreis Mrągowo. Der trutzige Backsteinbau mit seinen Türmen und Zinnen sieht älter aus, als er tatsächlich ist – die Bauherren entwarfen den U-förmigen Palast Mitte des 19. Jhs. ganz im Stil der damals modernen romantischen Neogotik. Die polnische Adelsfamilie Bronikowski, die hier ursprünglich ein Gut besaß, verkaufte den Landsitz für 96 000 Taler an den Baron von Mirbach, der an der Stelle des ursprünglichen Gutshauses sein Traumschloss bauen ließ. Der Palast hat raue Zeiten hinter sich – im Ersten Weltkrieg von russischen Truppen ausgebrannt, im Zweiten Weltkrieg geplündert, diente er nach 1945 als Verwaltungsgebäude einer LPG und als Erholungsheim. Als stilvolles Hotel- und Konferenzzentrum dient der Palast heute Touristen und Geschäftsreisenden.

In Sorkwity gibt es außer dem Palast selbst noch einige andere Überbleibsel vergangener Gutsherrenherrlichkeit. In einem einige Ki-

Selten und scheu: Schwarzstörche

lometer entfernten Waldgebiet befindet sich das Jagdschlösschen der Grafen von Mirbach, in der Barockkirche des Ortes können die Wappen der früheren Besitzer des Schlosses besichtigt werden.

Sorkwity (770 Ew.) ist aber auch Ausgangspunkt für eine der beliebtesten Touren für Wasserwanderer in Masuren: Am Lampacki-See beginnt die Kajak-Wanderstrecke auf dem Fluss Krutynia/Krutinnen, die bis zu den Großen Masurischen Seen führt. Das Dorf selbst liegt malerisch zwischen dem Gieladzkie- und dem Lampackie-See, südlich des Ortes erstreckt sich ein Naturreservat, in dem Sie u. a. Wasservögel und die im Gegensatz zu ihren weißen Verwandten seltenen Schwarzstörche beobachten können. Auch wild lebende Wisente können hier mit etwas Glück während ihrer Wanderungen im Frühjahr oder Herbst gesichtet werden.

Insider Tipp

ESSEN & TRINKEN

Restauracja Sorkwity
Schlossrestaurant mit großem Kaminzimmer, polnische Küche. *ul. Zamkowa 15, Tel. 089/742 81 89,*

in der Sommersaison tgl. 8–20 Uhr, sonst kürzere Öffnungszeiten, €€€

Restauracja w Parku

Restaurant im Dorf, etwa 2 km südöstlich des Palastes, typisch polnische Küche. *Kein Ruhetag, Jedrychowo 15, Tel. 089/742 81 87, dann Durchwahl 33, €€*

ÜBERNACHTEN

Hotel Pałac Sorkwity

★ Außer den Zimmern im denkmalgeschützten Palast vermietet das Hotel im Sommer auch zehn Ferienhäuschen. *ul. Zamkowa 15, Tel./Fax 089/742 81 89, palac@cso.com.pl, €€*

Stanica Wodna PTTK

36 Übernachtungsplätze in einfachen Ferienhäuschen, Zeltplatz- und Kajak-Vermietung. *Tel. 089/742 81 24, €*

FREIZEIT & SPORT

Insider Tipp **Wanderung**

★ Eine etwa zweieinhalb Stunden lange Wanderung führt vom Bahnhof von Sorkwity zum Jezioro Piłakno/Pilakno-See – folgen Sie der blauen Wegmarkierung. Die Strecke verläuft malerisch am Ufer des Jezioro Lampackie/Lampackie-Sees entlang. Einen besonders schönen Blick auf den See haben Sie hinter dem Dorf Maradki von der Erhebung des *Wiatraczna Góra. Góra* heißt Berg, aber das ist für diesen Hügel denn doch übertrieben! Ein Stück des Weges führt die baumgesäumte Chaussee entlang, bis Sie zum Pilakno-See mit seinen drei kleinen Inseln kommen.

ŚWIĘTA LIPKA/ HEILIGELINDE

[108 C5] Das kleine Dorf Święta Lipka an der Grenze zwischen Ermland und Masuren ist berühmt für seine ★ *Wallfahrtskirche Mariä Verkündigung,* die als Perle des Barock in Nordpolen gilt. Der ockergelbe Bau mit seinen schlanken Doppeltürmen erhebt sich zwischen den Kreuzgängen des benachbarten Klosters. Wären nicht die masurischen Lindenalleen, könnte diese Kirche auch im Süden Europas stehen. Das Innere der Kirche aus dem späten 17. und frühen 18. Jh. ist voll farbenprächtiger Fresken, die die Wunder darstellen, die sich am Wallfahrtsort ereignet haben sollen. Die Bilder des Altarraums sind von der flämischen Malerei beeinflusst.

Der Legende zufolge erschien einst einem im Gefängnis sitzenden Verbrecher in der Nacht vor seiner Verhandlung die Muttergottes, die ihm ein Stück Holz gab, aus dem er ein Marienbild schnitzte. Der Richter brachte es daraufhin nicht fertig, den Mann ins Gefängnis zu schicken, schien doch eine Marienerscheinung von dem eigentlich guten Charakter des Angeklagten zu zeugen. Der Mann, auf diese Weise wieder in Freiheit gelangt, ließ das Marienbild der Legende zufolge auf dem Weg nach Hause an einer Linde zurück. Da sich hier später Wunder häuften, sei schließlich eine Kapelle errichtet worden, die 1693 von der barocken Basilika ersetzt wurde. Der Ort galt zwar bereits zu heidnischen Zeiten als heilig, aber Legenden sind bekanntermaßen zäh ...

Während die Kirche auch heute noch Ziel von Wallfahrern ist, zieht es die meisten Touristen zu den Orgelkonzerten. Wochentags erklingt das mächtige Instrument mit seinen etwa 4000 Orgelpfeifen und 40 Registern stündlich zwischen 9.30 und 11.30 Uhr sowie nachmittags zwischen 13.30 und 17.30 Uhr. Auch an Sonn- und Feiertagen finden vier Orgelkonzerte statt. Am eindrucksvollsten ist es, wenn der Organist nicht nur sämtliche Register zieht, sondern auch den komplizierten Mechanismus in Gang setzt, der die hölzernen Verzierungen der Orgel bewegt. Dann drehen sich die Sterne, greifen die barocken Engel zu Posaune und Mandoline, verneigt sich der Erzengel Gabriel tief vor Maria.

ESSEN & TRINKEN

Restauracja West
Restaurant gegenüber der Basilika. Hier wird bodenständige polnische Küche geboten. *Tel. 089/755 14 18,* €€

ÜBERNACHTEN

Agroturystyka
Urlaub auf dem Bauernhof: Der Landwirt Waldemar Kaczorowski vermietet das ganze Jahr über Zimmer an Touristen. *Święta Lipka 20, Tel. 089/755 08 70,* €

Klasztor Ojców Jezuitów w Św. Lipce
Auf dem Klostergelände werden einige Zimmer für zwei, vier und sechs Personen vermietet. Meist übernachten hier Pilger. *Święta Lipka 29, Tel. 089/755 14 81,* €

Ośrodek Rema
Hier können Sie in campingplatzähnlicher Umgebung in Holzhäuschen übernachten. Hübsch am See im Wald gelegen. *Tel. 089/ 755 14 68,* €

Ziel von Pilgern und Orgelmusikfans: Wallfahrtskirche in Święta Lipka

Himmlische Ruhe und viel Natur

Immer mehr Touristen entdecken die unberührte und wildromantische Natur Masurens

Etwas abseits der großen Masurischen Seen liegen die Städte Ełk/Lyck, Gołdap/Goldap und Olecko/Marggrabowa oder Treuburg. Von hier aus ist es nur ein Katzensprung nach Russland, in den Bezirk Kaliningrad, nach Litauen und Weißrussland. Im Osten Masurens beginnt das »sibirische Polen«, wie der Volksmund die Gegend mit den sehr kalten und langen Wintern nennt. In Gołdap gibt es einen Skilift, und von Ełk aus führt eine Langlaufloipe bis an die polnisch-russische Grenze. Im Sommer lassen sich hier Urlauber von Ornithologen die seltenen Vogelstimmen in den Naturreservaten erklären. Der Osten der Masurischen Seen ist für diejenigen genau richtig, die dem Großstadttrubel entfliehen wollen. Die Wälder sind voller Pilze und Beeren, und auch die Angler können sicher sein, in den Seen Nordostpolens einen guten Fang zu machen. Da die Rominter Heide sehr wildreich ist, kommen auch Gourmets auf ihre Kosten, die das Waidmannshandwerk gern anderen überlassen. Die Restaurants bieten alle Wild- und Fischspezialitäten.

Eis und Schnee am Lycker See – die Winter hier sind lang und kalt

Elch in freier Wildbahn

EŁK/LYCK

★ **[115 E–F1]** Wenn im Sommer Tausende von Kormoranen über den See Ełk hinwegstreichen, kurz wassern und mit einem Fisch im Schnabel auf eine der drei Inseln zurückkehren, ballen die Fischer in den Booten die Fäuste. Doch die Touristen zieht es vor allem wegen der Vogelschwärme nach Ełk, denn die im östlichen Grenzgebiet Masurens liegende Stadt mit ihren 54 000 Ew. hat an Sehenswürdigkeiten nicht viel zu bieten. Die *Ritterburg* auf einer der Inseln wird seit Jahren renoviert, das Museum, das dort eingerichtet werden soll, ist noch immer nicht zugänglich, und die beiden sehenswerten *katholischen Kirchen* erinnern merkwürdigerweise vor allem daran, dass Ełk einst eine Hochburg des masurischen Protestantismus war. Hier wurden die ersten polnischsprachigen Bibeln und Gebetbücher gedruckt. Hier allerdings gab es auch einst eine jüdische Gemeinde, an die heute nicht einmal mehr eine Gedenktafel erinnert. An Stelle des jüdischen Friedhofs bfindet sich heute der Festplatz der Stadt.

SEHENSWERTES

Schmalspurbahn

★ Wer schon immer davon träumte, einmal mit einer Mini-Dampfeisenbahn durch eine ursprüngliche Wald-, Wiesen und Seen-Landschaft zu tuckern, der ist in Ełk genau richtig. Auf der 1910 bis 1917 gebauten Schmalspurstrecke (75 cm Spurweite) erreicht man innerhalb von einer Stunde Zawady (Sawaden) im Südosten von Ełk oder in umgekehrter Richtung Turowo (Thurowen/Auersberg) innerhalb von zwei Stunden. Man kann Insider Tipp schon für eine kleine Gesellschaft Sonderfahrten buchen mit Zwischenstopps für ein nettes Picknick am See.

Das 1918 erbaute Bahnbetriebswerk des Bahnhofs Ełk ist heute ein *Freilichtmuseum,* in dem vier alte Dampflokomotiven auf Schmalspurfans und andere Bewunderer warten. *Information: ul. Wąski Tor 1, Tel. 078/610 84 71, dann verbinden lassen mit 328*

ESSEN & TRINKEN

Restauracja Mała

Kleines Restaurant, an den Wänden ambitionierte Kunstfotografie; leckere Fleischgerichte und Piroggen, abends Pub mit Musik. *ul. Wojska Polskiego 72a, Tel. 087/610 80 05,* €€

Restauracja Onyx

Traditionelle polnische Küche, viele Fischgerichte. *ul. Wojska Polskiego 38, Tel. 087/610 10 70,* €€

ÜBERNACHTEN

Hotel Horeka

Das kleine Hotel liegt im Zentrum der Stadt direkt am See Ełk. Die 22 Doppelzimmer haben Bad, TV und Telefon, manche auch eine Terrasse oder einen Balkon mit Seeblick. *ul. Wojska Polskiego 63, Tel./Fax 087/62 11 37 67,* €€€

Hotel Lega Inn

Der Hotelkomplex liegt rund 2 km nordöstlich von Ełk am Rande des Dorfes Chełchy. Die 40 Zimmer haben Bad, Fernsehen und Telefon. Hier kann man schwimmen, reiten, mit der Pferdekutsche fahren, Tennis spielen oder mit einem Heißluftballon über die Masurischen Seenplatte schweben. Insider Tipp Sauna, Fitness-Studio, Restaurant und Bar. *Chełchy, Tel./Fax 087/610 44 43,* €€€

FREIZEIT & SPORT

Fahrradverleih

ul. Suwalska 84, Tel. 087/610 96 17

Paddelbootstrecke

Durch Ełk führt eine interessante Paddelbootstrecke. Der Fluss Ełk hat seine Quelle im Borkener Forst, fließt durch die Stadt und weiter zu den Flüssen Biebrza und Narew.

Wassersportgeräte-Verleih

ul. Kąpielowa 2, Tel. 087/610 37 71

AUSKUNFT

Biuro PTTK
ul. Armii Krajowej 56, Tel. 087/610 38 19, Mo–Fr 9–17, Sa 10–14 Uhr

Touristeninformation
Am Bahnhof. *ul. Wąski Tor 1, Tel. 087/610 84 71, nur Juni –Sept. geöffnet*

ZIELE IN DER UMGEBUNG

Ostrykół/Ostrokollen/ Scharfenrade **[115 F3]**
★ Die Umgebung von Ełk lässt sich am besten hoch zu Ross, per Drahtesel oder Kajak erkunden, denn wer außer schöner Natur auch hin und wieder ein Architekturdenkmal besichtigen möchte, muss schon einige Kilometer zurücklegen. So liegt knapp 15 km südlich von Ełk das Dorf Ostrykół, in dem eine *Holzkirche* von 1667 steht, die samt ihrer altertümlichen Innenausstattung – sehenswert sind vor allem der Taufengel und die Hirschkopfleuchter aus dem 18. Jh. – alle Kriegswirren unbeschadet überstanden hat. 1990 wurde sie umfassend renoviert. Die Holzkirche in Ostrykół ist eine von zwei erhaltenen Holzkirchen Masurens.

Stare Juchy/ Alt Fließdorf **[111 D6]**
In Stare Juchy/Alt Jucha, seit 1938 Alt Fließdorf, rund 12 km nordwestlich von Ełk, liegt bis heute ein eiszeitlicher Findling. Der Legende nach soll der 80 cm hohe Stein, der den enormen Umfang von 11,50 m hat und ein deutliche Delle auf seiner Oberseite aufweist, den Ureinwohnern Masurens als Opferaltar gedient haben. Selbst im 16. Jh. sollen hier noch Nachfahren der pruzzischen Sudauer althergebrachte kultische Feste mit Tieropfern gefeiert haben. Um diesen heidnischen Bräuchen entgegenzuwirken, wurde 1585 in Sichtweite des Opferplatzes eine Kirche errichtet.

In Stare Juchy gibt es ein herrlich gelegenes Landhaus-Hotel der Spitzenklasse, auf einer Insel im Jezioro Laśmiady/Laschmieden-See gele- *Insider Tipp*

Marco Polo Highlights »Der Osten«

★ **Ostrykół**
In Ostrokollen steht eine Holzkirche von 1667 mit Taufengel und Hirschkopfleuchter (Seite 75)

★ **Puszcza Romincka**
Herrlich wandern in der wildreichen Rominter Heide: Wege sind gekennzeichnet (Seite 76)

★ **Schmalspurbahn**
Schon Siegfried Lenz verewigte eine Fahrt mit der Dampfeisenbahn in »So zärtlich war Suleyken« (Seite 74)

★ **Stańczyki**
Schön anzuschauen: die Eisenbahnbrücke von 1926 (Seite 78)

Nicht nur Hische und Rehe haben in der Rominter Heide ein Refugium

gen. Die Räume sind großzügig und luxuriös ausgestattet. Auch das Essen ist hervorragend. Sie können hier segeln, windsurfen, Kajak fahren, reiten, Beeren oder Pilze sammeln oder die selbst gefangenen Fische auf dem hauseigenen Grill zubereiten *(Dwór Mazurski Morena, ul. Laśmiady 6, Tel. 087/6199163, 0501/ 37 50 36, Fax 087/619 92 45, morena@post.pl, €€€).*

Gołdap/Goldap

[111 E1] Gołdap liegt nur 4 km von der russischen Grenze zum so genannten Oblast Kaliningrad entfernt. Das Städtchen mit 14 000 Ew. hatte über viele Jahre hinweg keinerlei Entwicklungschancen. Erst seit 1993 gibt es einen Grenzübergang in Gusewie für den kleinen Grenzverkehr (nicht für Touristen!). Der Stadt hat die Öffnung gut getan. Obwohl die Arbeitslosigkeit nach wie vor zu den höchsten im Lande zählt, macht das Städtchen einen gepflegten Eindruck. Auch die Investitionen in die touristische Infrastruktur machen sich bereits bezahlt. So gibt es beispielsweise auf dem immerhin 272 m hohen Schönen Berg einen Skilift und ein Sportzentrum, wo man im Winter Skier und Snowboards ausleihen kann. Etwas weiter südlich ziehen sich die Szeskie Wzgórza/Seesker Höhen hin, die immer neue überraschende Aussichten auf die Seen- und Wälderlandschaft Nordostpolens bis hinüber nach Russland ermöglichen. Auch wer auf dem 3 km langen und malerisch gelegenen Goldap-See segelt oder surft, muss wissen, dass der nördliche Teil des Sees bereits im heute russischen Teil des ehemaligen Ostpreußen liegt.

Wer will, kann an der grünen Grenze entlangwandern. Im Naturschutzgebiet der ★ *Puszcza Romincka/Rominter Heide* sind Wanderwege gekennzeichnet, die den so genannten Kaisersteinen folgen oder aber den Grenzsteinen, die allerdings unter den hohen Gräsern kaum noch zu sehen sind. Die Kaisersteine wurden zu Ehren besonderer Jagdleistungen Kaiser Wilhelms II. aufgestellt, zum Beispiel 1912 »Erlegung des 2.000 Rothirschs« oder 1904 Erlegung eines »kapitalen Hirschs von 28 Enden«. Viele Wildtiere haben hier ein Refugium gefunden, darunter Rehe, Wölfe, Biber, Störche und Adler.

SEHENSWERTES

Kant-Denkmal
Zu Ehren des in Königsberg lehrenden Philosophen Immanuel Kant, der seinen Freund Generalmajor Daniel Friedrich von Lossow um den Jahreswechsel 1765/66 besucht hatte, wurde im Stadtzentrum ein kleines Denkmal aufgestellt. Kant hat wegen seiner schwachen Gesundheit fast keine Reisen unternommen und Königsberg nur vier Mal in seinem Leben verlassen. Das Denkmal steht in der Nähe der Bank PKO.

ESSEN & TRINKEN

Maxim
Stilvolles Kellerrestaurant mit traditioneller polnischer Küche. *pl. Zwycięstwa 20, Tel. 087/615 26 72,* €€

ÜBERNACHTEN

Hotel Janczes
Das kleine Hotel liegt im Stadtzentrum direkt am Park. Alle 13 Zimmer haben Bad, TV und Telefon, außerdem gibt es im Hause ein kleines Restaurant, ein Café und eine eigene Konditorei. Das Hotel verfügt über einen Kleinbus (8 Personen) und organisiert Ausflüge in die Umgebung – auch mit dem Fahrrad oder der Kutsche. Wassersportgeräte-Verleih. *pl. Zwycięstwa 22, Tel. 087/615 13 77, Fax 615 36 56,* €€€

Ośrodek Zbrożdżówka
Das Erholungszentrum liegt direkt am See und bietet auch Übernachtungsmöglichkeiten in Camping-Holzhäuschen an. Segelboot- und Wassersportgeräteverleih. *Tel. 087/615 06 29,* €

FREIZEIT & SPORT

Safari Insider Tipp
Vor zehn Jahren noch hatten die Goldaper Tadeusz Rudziewicz für einen Verrückten gehalten, der ein ganzes Tal voll Wasser laufen ließ – insgesamt 220 ha. Heute ist dies die fischreichste Gegend Nordmasurens. Auf weiteren 180 ha hat Rudziwicz wilde Tiere ausgesetzt, zu denen ständig weitere hinzukommen. Touristen können hier auf Fotosafari gehen. Rudziewicz fährt sie mit seinem Jeep zu den interessantesten Stellen. Schon bald sollen an den Fischteichen Camping-Holzhäuschen entstehen.

AM ABEND

Piwniczna
In diesem Pub wird abends Jazz und Blues gespielt. *ul. Żeromskiego, Tel. 087/615 20 00,* €€

AUSKUNFT

Touristeninformation
ul. Zwycięstwa 16, Tel./Fax 087/615 20 90

ZIELE IN DER UMGEBUNG

Rapa/Kleinangerapp **[110 C1]**
Vor dem Dorf, direkt an der Grenze zu Kaliningrad/Königsberg, steht ca. 250 m von der Straße entfernt, eine Pyramide im Wald. Dieser ro-

mantische Bau entsprang der Leidenschaft Graf von Fahrenheids für das klassische Altertum. Die Familie hatte das Dorf Kleinangerapp mitsamt der Ländereien Anfang des 18. Jhs. gekauft und im nahen Beynuhnen einen neoklassizistischen Palast gebaut. Nach dem Tod der geliebten, drei Jahre alten Tochter Ninette ließ Graf Friedrich Heinrich Fahrenheid 1811 rund 5 km vom Palast entfernt ein 10 m hohes Insider Tipp Grabmal in Form einer ägyptischen Pyramide erbauen. Darin wurde zunächst das Kind bestattet, später weitere Mitglieder der Familie, auch der Graf selbst. Das Grabmal wurde zweimal – 1914/15 und 1945 – von Russen geplündert und verwüstet. In diesem Zustand befindet es sich bis heute. Immerhin steht die Pyramide jetzt unter Denkmalschutz, möglicherweise wird sie eines Tages restauriert.

Stańczyki/Staatshausen [0]

★ Die Pläne für die römisch anmutenden Viadukte über das Flüsschen Błędzianka/Blinde gehen auf das Jahr 1905 zurück. Baubeginn war aber erst 1910, dann kam der Erste Weltkrieg und eine längere Unterbrechung, schließlich die feierliche Einweihung der beiden Eisenbahnbrücken im Jahre 1926. Ungewöhnlich ist für jene Zeit nicht nur die Höhe (42 m vom Wasserspiegel der Blinde bis zur oberen Brücken-Balustrade) und die Länge (182 m), sondern auch die Bautechnik. Die acht Pfeiler der nebeneinander stehenden Brücken wurden aus so genanntem Holzbeton gegossen, in den Pfeilern stecken also zur Stärkung und Stabilisierung des Bauwerks massive Baumstämme. Dennoch wurde 1927 nur eine der beiden Brücken in Betrieb genommen. Über die andere ist niemals ein Zug gefahren, da die Konstruktion am Ende doch als zu instabil galt. Von den Viadukten aus – es sind die höchsten diesen Typs in Polen – hat man einen herrlichen Panoramablick auf die Rominter Heide.

Olecko/ Treuburg

[111 F4] Das 17 000-Einwohner-Städtchen im Nordosten Masurens zieht Jahr für Jahr mehr Pop-Fans an, die Ende Juli zum familienfreundlichen Festival »Haltestelle Olecko« kommen. Wem dieser Rummel zu viel wird, kann in den nahegelegenen *Wigry-Nationalpark* flüchten. Olecko (früher Oletzko, Marggrabowa und von 1928 bis nach Kriegsende Treuburg) liegt wunderschön am Jezioro Olecko/Oletzkoer See, im *Mazury Garbate,* dem Hügeligen Masuren. Hier wechseln sich sanft geschwungene Hügel mit Tälern und malerisch gelegenen Dörfern ab.

Doch das Städtchen hat nicht nur viel Natur und ein intensives Kulturleben zu bieten, auch die Geschichte der Namensgebung ist interessant. Nachdem Zygmunt II. August, König von Polen und Albrecht von Brandenburg, letzter Hochmeister des Deutschen Ordens und Herrscher über das Herzogtum Preußen, hier in den Wäldern ein gemeinsames Jagd-Wochenende verbracht hatten – mit Wein, Weib und Gesang versteht sich, beschlossen sie, in Erinnerung an diese herrlichen Tage jeweils im eigenen Machtbereich eine Stadt zu

Wigry-Nationalpark: Hier leben Biber, Schwarzstörche und Seeadler

gründen. Und so entstand 1560 in Polen die Stadt Augustów und 40 km weiter westlich in Preußen die Stadt Marggrabowa (masurisch für Markgrafenstadt) im Kreis Oletzko. Nach dem Zweiten Weltkrieg entschied sich die nun mehrheitlich polnische Bevölkerung für den alten masurischen Namen der Stadt, Olecko.

ESSEN & TRINKEN

Restauracja Astra
Traditionelle polnische Küche. Fleischklopse sind die Spezialität des Hauses. *ul. Partyzantów 7, Tel. 087/520 25 68,* €

Restauracja Czar Północy
Zu den Spezialitäten gehören der gebackene Zander, knusprige Kartoffelpuffer und deftige Pirogen. *ul. Gołdapska 12, Tel. 087/520 26 43,* €€

ÜBERNACHTEN

Dworek Mazurski
Das Hotel Masurischer Hof liegt etwas außerhalb von Olecko mitten in einem Birkenwald am Olecko Wielkie/Großer Treuburger See und hat 140 Übernachtungsplätze im Hotel wie in Holz-Campinghäuschen. Kleines Restaurant und Café. Segelboot- und Wassersportgeräteverleih. *Tel. 087/520 22 92, Fax 087/520 48 70, www.wigry.home.pl/olecko/dworekmazurski.htm (Information auf Deutsch)* €€

Hotel Mazury
Das 15-Zimmer-Hotel liegt im Zentrum, ca. 300 m vom See entfernt. Die Zimmer haben alle Dusche/WC und TV. Im kleinen Restaurant werden vor allem regionale Gerichte serviert. Hin und wieder spielen hier die Besitzer Volksweisen vor. Fahrradverleih. *ul. Gołdapska 10a, Tel./Fax 087/520 40 50, www.wigry.home.pl/olecko/mazury.htm,* €€

AUSKUNFT

PTTK-Büro
ul. 11-go Listopada 3, Tel. 087/52 27 85, Mo–Fr 8–15.30, Sa 8 bis 13.30 Uhr, www.powiat.olecko.pl/

Natur pur: paddeln, wandern, Rad fahren

Die Touren sind in der Wanderkarte im hinteren Umschlag und im Reiseatlas ab Seite 108 grün markiert

1 WASSERWANDERN AUF DER KRUTYNIA/KRUTINNA

★ Auch wenn die Kajakwanderstrecke auf dem kleinen Fluss Krutynia zu den bekanntesten und beliebtesten in ganz Polen gehört, müssen Sie selbst in der Sommersaison nicht befürchten, ständig im Kajakstau zu stehen. Entlang der rund 100 km langen Strecke, die auch für sportliche Amateure ohne große Erfahrung gut in acht bis zehn Tagen zu bewältigen ist, können Sie mit einer guten Infrastruktur – Bootsanleger mit Zeltmöglichkeiten, Imbissbetriebe und dergleichen – rechnen. Die hier vorgeschlagene Strecke ist für neun Tage auf dem Wasser berechnet und kann durch »Landtage« verlängert oder – wenn Sie vom sportlichen Ehrgeiz gepackt sind – durch die Zusammenlegung von Etappen verkürzt werden.

Ein langer Tag auf dem Wasser neigt sich dem Ende zu

Die Strecke beginnt in *Sorkwity/Sorquitten (S. 69).* Hier können Sie sich in der am Ufer des *Lampacki-Sees* gelegenen Unterkunft der Touristikorganisation PTTK ein Kanu ausleihen und noch einmal stärken. Während der ersten Etappe von 16 km haben Sie Gelegenheit, Ihre Paddeltechnik zu entwickeln. Zunächst einmal geht es in südöstlicher Richtung bis zur Mitte des Sees, wo Sie sich in Ufernähe halten sollten, um nicht die kleine Wasserenge zu übersehen, die den Durchgang zum *Lampasz-See* bildet. An dessen Ende folgen Sie links dem Verlauf des *Sobiepanka-Flusses.* Wenn der Wasserspiegel niedrig ist, müssen Sie Ihr Kanu hier tragen. Andernfalls gleiten Sie mit der Strömung in den *Kujno-See,* steuern dort in Richtung Südosten und erreichen den Fluss *Grabienka,* der wiederum in den 3,5 km langen *Dłużec-See* führt. Nun haben Sie die erste Tagesetappe schon fast bewältigt. Ein kleiner Durchgang verbindet den Dłużec-See mit dem *Jezioro Białe/Weißen See,* wo Sie am rechten Seeufer bereits nach den Spitzdächern der *PTTK-Station Bieńki* Ausschau halten können.

Am *zweiten Tag,* den Sie hoffentlich ohne Muskelkater beginnen, können Sie sich Zeit lassen – die Etappe ist nur 10 km lang. Am rechten Ufer des Sees folgen Sie dem *Dąbrówka-Fluss* 1,5 km lang, bis er in den *Gant -See* mündet. Am anderen Ende des schmalen Waldsees entspringt der Fluss *Babięcka Struga,* an dessen Ufer sich auf beiden Seiten das Dorf Babięta erstreckt. Für Sie ist allerdings bereits schon einen halben Kilometer vor dem Dorf Schluss für heute: Mit der *PTTK-Station Babięta* haben Sie das Tagesziel erreicht.

Die 13,5 km lange Etappe des *dritten Tages* folgt zunächst einmal weiter dem Lauf des *Babiecka Struga.* Über den Mühldamm müssen Sie Ihr Kanu wieder tragen, ehe es zu Wasser weitergeht und Sie der Flussströmung in den nördlichen Teil des *Großen Zyzdrój-Sees* folgen, der sich über 6 km erstreckt und in den *Kleinen Zyzdrój-See* übergeht. An dessen südlichem Ende gelangen Sie über eine kleine Bucht zu einer Schleuse, die aber nicht mehr in Betrieb ist – Sie müssen Ihr Kanu etwa 100 m weit tragen, ehe Sie es auf der rechten Seite der Schleuse im *Spychowska Struga* wieder zu Wasser lassen können. Nach etwa 2,5 km erreichen Sie an der linken Uferseite die *PTTK-Station Spychowo.* Wenn Sie einen Ruhetag einlegen wollen, können Sie von hier aus die Johannisburger Heide erkunden.

Am *vierten Paddeltag* haben Sie eine 11,5 km lange Strecke zu bewältigen. Von der PTTK-Station geht es ein kurzes Stück durch den *Spychowski-See.* Halten Sie sich konsequent links, dann können Sie den Zufluss des *Spychowska Struga* nicht übersehen. Dem Flussverlauf folgend, erreichen Sie nach 5 km den *Zdrózno-See,* in dem Sie sich rechts halten müssen. Über eine Bucht am östlichen Seeufer gelangen Sie in den *Uplik-See,* der dank der Baumriesen der angrenzenden Johannisburger Heide zu den schönsten auf dieser Strecke gehört. Am nördlichen Seeufer müssen Sie sich erneut rechts halten, um nicht die Wasserenge zu verpassen, die den Uplik-See mit dem *Mokre-See* *(S. 29)* verbindet. In nordöstlicher Richtung befindet sich dort nach dem letzten Etappenkilometer die *PTTK-Station von Zgon.*

Durch den Mokre-See beginnen Sie Ihren *fünften Tag* im Kanu mit einer 12,5 km langen Tagesstrecke. Mit seinen zahlreichen kleinen Inseln ist der See ein richtiges Paradies für Vögel. Halten Sie sich in Sichtweite des rechten Ufers. Etwa 1 km vor dem nördlichen Ende des Sees befindet sich eine Bucht, die an einer Sperre endet – hier müssen Sie das Kanu wieder einmal tragen, allerdings diesmal nur 20 m weit. Dann nämlich haben Sie das Südufer des mitten im Wald gelegenen *Krutyński-Sees* vor sich. Am östlichen Ende des schmalen Sees erreichen Sie dann den Fluss *Krutynia,* auf dem Sie heute aber nur 2 km zurücklegen. Am linken Ufer sehen Sie dann nämlich schon das Dorf *Krutyń/Krutinnen* *(S. 27)* und die PTTK-Station.

Krutynia pur heißt es auf 13,5 km am *sechsten Tag* der Kajakwanderung, denn heute folgen Sie ausschließlich dem Flussverlauf. Lediglich ein Mühldamm stoppt bei *Krutyński Piecek* die Paddelei, und

Sie müssen das Boot etwa 100 m weit tragen. Einen Zwischenstopp sollten Sie in *Wojnowo/Eckertsdorf (S. 42)* einlegen. Entlang der Krutynia geht es bis zur PTTK-Station hinter dem Dorf *Ukta.*

Eine 6 km lange Kanustrecke folgt am *siebten Tag* weiter dem Verlauf der Krutynia. Die Tagesetappe ist zwar kurz, kann aber anstrengend werden, denn Wasserpflanzen erschweren das Durchkommen, bis Sie am rechten Ufer der Krutynia bei *Nowy Most* die nächste PTTK-Station erreichen.

Nach 4 km heißt es am *achten Tag,* Abschied von der Krutynia zu nehmen. Der Fluss mündet in den *Gardyńskie-See,* in dem Sie sich scharf rechts halten müssen, um nicht den Zufluss in den *Malinówko-See* zu verpassen. Das unzugängliche Ostufer dieses Sees ist ein Vogelparadies, und die Chancen stehen gut, dass Sie einen Graureiher zu Gesicht bekommen. Gleich an den Malinówko-See schließt sich der *Jerzewko-See* an, von dem Sie über den Fluss *Iznota* in den *Jezioro Bełdany/Beldahnsee (S. 40)* paddeln, einen der schönsten Seen Masurens. Halten Sie Kurs auf die rechte Uferseite, dann gelangen Sie nach insgesamt 9,5 km an die die *PTTK-Station von Kamień.*

Den größten Teil der 12,5 km langen letzten Etappe verbringen Sie auf dem *Beldahnsee,* den Sie mit Seglern, Windsurfern und Ausflugsbooten teilen müssen. Während Sie Kurs nach Süden nehmen, steuern Sie Ihr Kanu aber nicht ganz bis zum Ende des Sees, sondern halten sich kurz vor dessen südlichem Ende links, bis Sie zur *Schleuse von Guzianka (S. 38)* kommen. Im *Kleinen Guzianka-See* angelangt, orientieren Sie sich rechts, damit Sie nicht die Wasserenge versäumen, die in den *Großen Guzianka-See* führt. Bleiben Sie weiter in der Nähe des rechten Ufers, bis Sie den Bootsanleger der Ausflugsboote von *Ruciane-Nida/Niedersee (S. 38)* sehen und 200 m weiter den Kanal erreichen, der den *Großen Guzianka-See* mit dem *Niedersee* verbindet. Immer am rechten Ufer des Niedersees entlang kommen Sie schließlich zu einer engen Bucht, an der der Schlusspunkt der Wanderung, die *PTTK-Station von Ruciane-Nida,* liegt.

2 WANDERUNG IM MASURISCHEN LANDSCHAFTSPARK

Nicht nur Wassersportler kommen in Mikołajki auf ihre Kosten. Der Mazurski Park Krajobrazowy/Masurische Landschaftspark lockt zu Wanderungen: Ein 10 km langer Rundwanderweg etwa führt von Mikołajki zum Vogelparadies Jezioro Łuknajno/Lucknainer See, der Unesco zum Biosphärenreservat erklärt wurde. Dauer: zwei Stunden. Fernglas mitnehmen.

Das 700 ha große Reservat steht unter strengem Naturschutz, zu dem Menschen keinen Zutritt haben. Von einer Aussichtsplattform aus können Vogelfreunde aber Höckerschwäne, Sumpfhühner, Rohrdommeln und Kraniche beobachten. Auch Luchse und Waschbären haben sich im Reservat angesiedelt.

Der Weg zu diesem Vogelparadies beginnt in *Mikołajki (S. 29)* sinnigerweise in der *ul. Łabędzia* – zu deutsch Schwanenstraße. Anfangs noch asphaltiert führt sie im

Halbkreis zunächst durch eine Villensiedlung und dann auf den See zu. Dort wird Ihnen auch klar, warum die Straße so heißt, denn der Lucknainer See beherbergt die größte *Ansiedlung von Höckerschwänen (Rez. Łuknajno)* in Polen – rund 1000 Schwanenpaare haben den See zu ihrer Heimat erkoren.

Insider Tipp

Kurz vor Łuknajno kommen Sie an eine schmale Stelle zwischen dem Lucknainer See und dem Spirding-See. Rechter Hand liegt das Vogelreservat *Rez. Czapliniec*, das Sie ebenfalls besuchen können. Der Weg zum Rez. Łuknajno zweigt jedoch links Richtung Norden ab. An der ornithologischen Forschungsstation können Sie vom Aussichtsturm mit einem Fernglas die gefiederten Bewohner des Reservats in Augenschein nehmen. Anschließend geht es über Feldwege vorbei am Forsthaus Leśny Dwór nach Wożniyce (ausgeschildert) und von dort über ein Stück Landstraße zurück nach Mikołajki.

3 RADTOUR RUND UM MIKOŁAJKI/NIKOLAIKEN

Ehrgeizige Pedalritter probieren den 62 km langen Radwanderweg aus, der von Mikołajki über Popielno/Popiellnen, Galindia und Iznota wieder zum Ausgangspunkt zurück führt. Mit zum Programm gehören Fahrten mit der Fähre, und wer will, unternimmt noch eine Wanderung durch die Johannisburger Heide. Allerdings sollten Sie die Tour nicht sonntags unternehmen: Dann verkehrt die Fähre über den Jezioro Bełdany/Beldahnsee nämlich nur zwischen 8 und 14 Uhr und nicht wie an den Werktagen zwischen 7 und 17 Uhr. Proviant mitnehmen. Tagestour oder zwei Tage (mit Übernachtung im mitgebrachten Zelt oder in Galindia, S. 32).

Von *Mikołajki (S. 29)* geht es zunächst zum Fähranleger des *Bel-*

Malerisches Mikołajki: Ausgangspunkt für eine schöne Radtour

dahnsees (die Fähre legt alle 45 Minuten an). Auf der anderen Seite des Sees führt die Strecke zunächst in das malerische, in den Wäldern der Johannisburger Heide gelegene *Popielno (S. 41)* auf der Halbinsel zwischen dem *Jezioro Śniardwy/Spirdingsee* und dem Beldahnsee und zur naturkundlichen Forschungsstation in *Wierzba*. In Popielno ist in einem Speichergebäude ein kleines naturkundliches Museum untergebracht.

Von Popielno aus lässt sich die *Johannisburger Heide* erkunden: Von der Forschungsstation aus beginnen zwei Rundwanderwege von 6 (blaue Markierung) und 10 (rote Markierung) km Länge durch den Wald, vorbei an Sümpfen und Moorseen. Und mit ein bisschen Glück sehen Sie sogar die in freier Wildbahn lebenden Tarpanpferde, die in Popielno gezüchtet werden.

Der Radwanderweg führt von *Popielno* erneut mit der Fähre über den Beldahnsee weiter nach *Galindia (S. 32)* und *Iznota*. Von da radelt man über Feld- und Waldwege wieder zurück nach Mikołajki.

4 WANDERUNG IN DER JOHANNISBURGER HEIDE

★ Wanderfreunde können von Pisz aus auf unterschiedlich langen und markierten Wegen die Puszcza Piska/Johannisburger Heide erkunden. Das 1000 km² große Waldgebiet weckt bei Einheimischen und Besuchern den Instinkt der Jäger und Sammler – Heidelbeeren, Walderdbeeren und Pilze machen die Heide zur reich bestückten Vorratskammer. Zweistündiger Spaziergang bis Karwik, zwei bis drei Tage bis Wejsuny. Camping ist möglich (Zelt und Verpflegung mitnehmen!).

Es lohnt sich nicht nur zur Beerenzeit, bei einer Wanderung ein bisschen genauer hinzusehen. Etwa ein Dutzend Orchideenarten ist in der Heide heimisch, Rehe, Wildschweine und Hirsche können vor allem in den frühen Abendstunden den Weg kreuzen. Und mit viel Glück sehen Sie sogar einen der seltenen Seeadler oder Schwarzstörche, die nicht so gehäuft wie ihre weißen Vettern in Masuren nisten.

Ein mit roter Markierung ausgezeichneter Weg führt entlang des Jegliński-Kanals zur 9,5 km entfernten *Schleuse von Karwik*. Der 1845 erbaute Kanal verbindet den *Jezioro Roś/Rosch-See* mit dem *Jezioro Seksty/Sexter See*. Die Schleuse, ein interessantes Denkmal zur Industriegeschichte mitten in dieser ländlichen Region, gleicht den Höhenunterschied von 1 m zwischen beiden Seen aus. Im Dorf *Karwik (S. 38)* selbst gibt es mehrere malerische, unter Denkmalschutz stehende, hölzerne Bauernkaten, Reitmöglichkeiten und Kutschfahrten durch die Johannisburger Heide.

Wenn Ihnen diese Wanderung zu kurz ist, können Sie der rot markierten Strecke noch weiter folgen – zunächst bis nach *Niedźwiedzi Róg* am südlichen Ufer des *Jezioro Śniardwy/Spirdingsees* und dann westlich weiter zum *Naturreservat Jezioro Warnołty* und nach *Wejsuny (S. 41)*. Schlappmachen gilt aber nicht: Entlang dieser 30 km langen Strecke können Sie nämlich nur im eigenen mitgebrachten Zelt an den Campingabschnitten der Seen übernachten.

Auf dem Wasser und querfeldein

Wenn Sie sich nach Sonne, Wind und Wasser sehnen, dann ist das Land der tausend Seen im Norden Polens genau das Richtige

Über 3000 Seen, die durch zahllose Flüsse und Kanäle miteinander verbunden sind, locken zu wildromantischen Segeltörns und Kanutrips, zum Wandern und Biwakieren an den Ufern, zu Querfeldeinritten, Kutschfahrten mit dem Zweispänner und ausgedehnten Radtouren. Am Jezioro Śniardwy/Spirdingsee und Jezioro Mamry/Mauersee, die mit einer Fläche von je über 100 km² die größten Seen Masurens sind, liegen auch die bekanntesten Ferienorte: Giżycko/Lötzen, Mikołajki/Nikolaiken, Ruciane-Nida/Niedersee und Węgorzewo/Angerburg. Am kleineren Tałty-See befindet sich mit Mrągowo/Sensburg ein weiterer beliebter Ferienort. Boote, auch kleine Yachten, Surfbretter und Fahrräder können Sie überall in Masuren problemlos ausleihen. Mit Karten und Wegbeschreibungen ausgerüstet, die es vor Ort auch auf Deutsch zu kaufen gibt, können Sie nun Ihre Entdeckungsreise starten.

Die vielen Seen bieten Seglern ganz unterschiedliche Reviere

ANGELN

Sowohl die über 3000 Seen als auch die forellenreichen Flüsse Masurens gehören zu den attraktivsten Angelrevieren in Europa. Fast 70 Fischarten bevölkern die Binnengewässer. Hechte, Aale, Zander, Karpfen, Plötzen, Lachse und Forellen sind die begehrtesten. Ohne einen nationalen oder regionalen Angelschein dürfen Sie allerdings Ihre Angel nicht auswerfen. Sie erhalten sie in den einzelnen Woiwodschaftszentren des *Polnischen Anglerverbandes (PZW)*. Die genauen Adressen sowie die aktuellen Fischereibestimmungen z.B. über Schonzeiten, erhalten Sie in der PZW-Zentrale in Warschau: *ul. Twarda 42, 00-831 Warszawa, Tel./Fax 022/620 50 89, www.zgpzw.pl, www.pzw.org.pl* oder beim *Polnischen Fremdenverkehrsamt in Deutschland*. Aber auch vor Ort können Ihnen die jeweiligen Touristen-Informationszentren weiterhelfen, auch im Hotel oder bei der Camping-Aufsicht wird man Ihnen meist Auskunft geben können.

FAHRRADFAHREN

Die unberührte Natur und wunderschöne Landschaften der Masurischen Seen lassen sich wunderbar mit dem Fahrrad genießen: endlose Alleen, schattige Wald- und Feldwege, die an gelb leuchtenden Rapsfeldern, blühenden Wiesen und wogenden Getreidefeldern entlangführen. Zahlreiche deutsche und polnische Reiseveranstalter bieten oft mehrtägige Fahrradtouren an, die auch für untrainierte Radler geeignet sind. Beliebt sind auch kombinierte Rad- und Kajaktouren.

Wenn Sie sich nur hin und wieder mal für ein paar Stunden auf den Sattel schwingen wollen, können Sie auf das Angebot vieler Hotels und Pensionen in Masuren zurückgreifen. In allen Ferienorten werden Räder gegen einen geringe Gebühr ausgeliehen. Seit einiger Zeit darf man Fahrräder in Polen auch in Personenzügen mitnehmen, in den Abteilen für Reisende mit persönlichem Großgepäck. Für das Rad zahlt man noch einmal die Hälfte des Fahrpreises, was in Polen nicht sehr viel ist, da Bahnfahren nach wie vor sehr günstig ist.

Es gibt erste ausgeschilderte Radwanderwege. Meist lassen sich vor Ort auch Radwanderkarten erstehen – meist gleich touristenfreundlich in mehreren Sprachen.

KAJAKFAHREN & RUDERN

Zu den interessantesten Kajak-Strecken Europas gehört die 100 km lange Fahrt auf der Krutynia/Kruttinna in Masuren. Die abwechslungsreiche Tour führt über insgesamt 17 Seen und Naturreservate mit 200 Jahre alten Bäumen, schwimmenden Inseln und seltenen Tierarten wie Fischotter, Biber, Eisvögel, Wisente, Luchse und Elche. Übernachtet wird unterwegs in Bootshäusern oder auf Campingplätzen. Aufgrund der geringen Fließgeschwindigkeit der Krutinna ist diese Tour auch für Anfänger gut geeignet. Ausführliche Beschreibung im Kapitel »Ausflüge & Touren«.

Kanus und Ruderboote sind an vielen Seen und Flüssen günstig zu mieten. Informationen über Kanutouren in Masuren gibt es u.a. bei der *PTTK Olsztyn/Allenstein, ul. Staromiejska 1, Tel. 089/523 53 20.* Einige Reiseveranstalter bieten organisierte Kajaktouren an, die auch über Internet gebucht werden können: *www.masurentouren.de/kanu.htm.*

REITEN

Polen ist berühmt für seine Pferdezucht. Edle Rassepferde wie englische Vollblüter, Trakehner oder die Rassen Wielkopolska und Malopolska gelten bei Kennern als temperamentvoll, elegant, lebhaft, kernig und durch die natürliche Weidehaltung kerngesund und ausgeglichen. Sie sind weltweit begehrt und erzielen zum Teil auf internationalen Auktionen Spitzenpreise. Neben den staatlichen Gestüten, die oft auf eine lange Tradition zurückblicken können, haben sich in den letzten Jahren private Gestüte etabliert, die auch Ferien im Sattel anbieten, in denen Sie das Reiten, aber auch das Gespannfahren erlernen können. Gehören Sie bereits zu den fortgeschrittenen Reitern, können an mehrstündigen Ausritten oder mehrtägigen Trails teilnehmen

– mit Picknick, Lagerfeuer und Spanferkelbraten am Abend. Eine gute Adresse im Internet ist : *www.pferdreiter.de/polen/masuren.html*. Sie können aber auch bei den über 30 Gestüten und Pferdepensionen in Masuren direkt buchen. Eine der empfehlenswerten Adressen ist der bei Szczytno/Ortelsburg gelegene *Reiterhof Pension Sasek* von Ewa und Tadeusz Piórkowscy: *Sasek Maly 14, 12-161 Szymany, www.jezioro.com.pl/osrodki/sasek/niemcy/*. Weitere Adressen erhalten Sie über das Polnische Fremdenverkehrsamt in Deutschland.

SEGELN & WINDSURFEN

Die Segelstrecken sind sehr abwechslungsreich. Zum Segeln und Surfen eignen sich besonders die großen Seen wie der launische Jezioro Śniardwy/Spirdingsee, dessen Untiefen insbesondere Neulingen oft Schwierigkeiten bereiten, der Jezioro Mamry/Mauersee, der wie der Spirdingsee wegen seiner Größe auch »masurisches Meer« genannt wird, der Jezioro Niegocin/Löwentin-See sowie der Jezioro Nidzkie/Niedersee. Abseits der Hauptrouten, die auch von Passagierschiffen befahren werden, erwarten Sie oft einsame Buchten und Inseln voll unerwarteter Reize. Im Sommer werden viele Segelregatten organisiert.

Einen Verleih für Segelboote und Surfbretter gibt es in allen größeren Segelrevieren. In Polen werden von den Seglern keine Segelscheine verlangt, allerdings wird beim Ausleihen eines Motorbootes der Besitz einer Yacht-Lizenz gefordert. Informationen erhalten Sie beim *Polnischen Segel-Verband (Polski Związek Żeglarski), ul. Chocimska 14, 00-791 Warszawa, Tel. 022/848 04 83, Fax 848 04 82* und unter *www.masurentouren.de/segeln.htm*.

Viele private Gestüte bieten Ferien im Sattel an

Vom Lagerfeuer bis zum Töpferkurs

Fast alle Hotels an den Masurischen Seen bieten Freizeitangebote für Familien mit Kindern an

Wenn Sie Ihren Sprösslingen viel Auslauf, Spaß und Spannung gönnen möchten, sind Abenteuerferien auf einem masurischen Bauern- oder Reiterhof genau das Richtige. Bei einem Campingurlaub werden Sie vieles gemeinsam unternehmen: Ausflüge hoch zu Ross, mit dem Kajak durch wildromantische Flüsschen paddeln, beim Zelten das Lagerfeuer entfachen und einen ersten Fisch für das Abendessen fangen. In den meisten Restaurants gibt es spezielle Kinderteller, und in den Familienpensionen kocht man ohnehin besonders lecker, da glückliche Kinder später gerne wiederkommen und auch Eltern einen harmonischen Urlaub in guter Erinnerung behalten. In Masuren hat man sich auf deutschsprachige Touristen eingestellt. Die Verständigung stellt also kein größeres Problem dar, dennoch sollten Sie gemeinsam mit Ihren Kindern zumindest ein paar Worte in polnischer Sprache einüben. Polen strahlen über das ganze Gesicht, wenn sie sehen und vor allem hören, dass sich jemand Mühe gibt, zumindest ein paar Worte in der tatsächlich sehr schwierigen polnischen Sprache zu sagen. Darüber hinaus wird in Polen großer Wert auf Höflichkeit gelegt. Sagen Sie Ihren Kindern also, dass es in Polen besser ist, lieber einmal zu viel *dziękuję* (danke) zu sagen als zu wenig.

Für Kinder ideal: Ferien auf einem der vielen Bauernhöfe

Da auf den Masurischen Seen der Wassersport ganz groß geschrieben wird und Ihre Kinder mit Sicherheit auch einmal in ein Boot steigen werden, ist es ratsam, Brillen mit einem Band zu sichern. Sie sollten auch an genügend Reservesocken und -schuhe denken, ebenso an einen warmen Pullover für die oft kühl-windigen Abende und an möglichst leichte Regencapes. Außerdem sollten Sie bunte Pflaster mitnehmen und Mückenspray oder -milch. Und vor dem Einschlafen empfiehlt sich das Buch von Siegfried Lenz: »So zärtlich war Suleyken«. Diese urigen Geschichten, vor dem Zubettgehen vorgelesen, werden den Kindern und Ihnen nicht so schnell aus dem Kopf gehen.

DER SÜDEN

Wasserparadies Tropicana **[113 F2]**

Auch an Regentagen müssen Kinder nicht auf ihr Wasserparadies verzichten: Das *Hotel Gołębiewski* in Mikołajki/Nikolaiken bietet auch für Nichthotelgäste einen großen, überdachten Schwimmbadkomplex an. Hier können Ihre Kinder drei Riesenwasserrutschen runtersausen, sich in die Wassermühle stürzen oder sich von der Strömung im Fluss mitreißen lassen. Auch für die ganz Kleinen gibt es Planschbecken und buntes Wasserspielzeug.

Im Souterrain können Jugendliche Billard und Flipper spielen, außerdem gibt es dort zwei Diskos. Da das Hotel vor allem von großen Reisegruppen angesteuert wird, gibt es hier regelmäßig auch kleine Kindergruppen, die gemeinsam etwas unternehmen, sodass die Eltern auch einmal allein losziehen können. Es lohnt sich nachzufragen, welche Ausflüge, Spielnachmittage und andere Attraktionen für Kinder gerade im Angebot sind. Im Hotel wird Deutsch gesprochen. *Hotel Gołębiewski, ul. Mrągowska 34, 11-730 Mikołajki, Tel. 087/ 429 07 00, www.golebiewski.pl*

Tierreservat Kadzidłowo/ Einsiedeln **[113 E3]**

Neben der hinreißenden Landschaft sind die Masurischen Seen insbesondere für ihren Reichtum an seltenen Tieren und Pflanzen berühmt. Gerade Kinder, die in den Geschichten von Lenz viel über die masurische Tierwelt erfahren, wollen diese Murmeltiere, Fischotter und Hirsche auch gern einmal sehen. Im Tierreservat Kadzidłowo bei Mrągowo/Sensburg ist dies möglich. Zwar kann man auch dort den Wolf nicht streicheln, ihm aber immerhin Aug in Aug gegenüberstehen. Manchmal tapsen auch überraschend Wolfskinder unter einem Busch hervor.

Da es sich bei Kadzidłowo nicht um einen Zoo im herkömmlichen Sinn handelt, kommt immer ein Tierpfleger oder eine Tierpflegerin mit und erklärt – auch in deutscher Sprache –, wo die Tiere in freier Wildbahn leben und wie man beispielweise den Rothirsch vom Damhirsch unterscheidet. Absoluter Liebling der Kinder ist Eselin Klementyna, die sich von ihrem Gatten Aloysius trennte, weil der ihr im Zorn einen kräftigen Hufschlag versetzt hatte. Spannend ist auch zu hören, warum zwei Wolfsmütter im Park vier Dachsjungen adoptiert haben und sie großziehen.

Insider Tipp

Die größten und beeindruckendsten Tiere sind die Wisente, die vor allem in den Wäldern Nordostpolens leben. Sie sind nur selten zu sehen, da sie ausgesprochen menschenscheu sind. Auch in Kadzidłowo muss man Glück haben oder sich zur Zeit der Fütterung ganz leise an den Gehegezaun stellen. *Park Dzikich Zwierzat w Kadzidłowie/Wildtierpark Kadzidłowo;* auf Anfrage werden dort Lagerfeuer, Kutsch- und Pferdeschlittenfahrten organisiert; *Tel. 087/425 73 65 oder 0606/51 77 50; tgl. 10 Uhr bis zum Einbruch der Dämmerung*

DER NORDEN

Museum für Volkskultur **[110 A2]**

★ Eine besondere Attraktion für Kinder: In diesem Museum in Węgorzewo/Angerburg darf fast al-

Es muss nicht immer ein Swimmingpool sein: Spaß im Naturbad

les angefasst werden. Neben den Tongefäßen, Trachten, alten Musikinstrumenten und vielen Fotos aus alten Tagen, die im Parterre ausgestellt sind, ist besonders der erste Stock spannend: Hier sitzen alte und junge Frauen an urtümlichen Webstühlen, zeigen und erklären, wie man früher Teppiche webte oder woher die Muster stammen, die sich bis heute in den Stoffen der masurischen Trachten wiederfinden. Wer will, kann sich auch selbst einmal an den Webstuhl setzen und versuchen, ein paar Zentimeter Teppich zu weben.

Das Museum bietet regelmäßig auch Kurse für Kinder und Jugendliche an, die Lust haben, die alte masurische Volkskunst zu erlernen: sticken, weben und klöppeln, schnitzen, töpfern und tanzen. Manchmal gibt es allerdings Schwierigkeiten mit der Sprache. Da das Museum aber mit vielen Volkskünstlern zusammenarbeitet, von denen einige auch gut Deutsch sprechen, sollte man sich ein Herz fassen, nach deren Adresse fragen und einfach anrufen. Sie sind oft gerne bereit, ihre Kunst zu zeigen und zu erklären. *Muzeum Kultury Ludowej, ul. Portowa 1, Węgorzewo, Tel./Fax 087/427 32 42, Mo–Fr 8–18, Sa und So 10–15 Uhr*

DER WESTEN

Hodowla Pod Lipami/Tierzucht Unter den Linden [109 D4]

★ Wenn Ihre Kindern nach Kirchen und Palästen ein wenig Action verlangen, bietet ein Abstecher zu diesem Bauernhof, auf dem Nutztiere gezüchtet werden, etwas lebendige Abwechslung. Außer Pferden, Schweinen, Ziegen und Schafen sehen Sie hier auch Graugänse, Hunde und Katzen. Kutschfahrten auf dem Gutsgelände sind möglich. *Pieckowo 33 bei Święta Lipka, Tel. 0603/44 63 27, Fax 751 66 77*

Angesagt!

Was Sie wissen sollten über Trends, die Szene und Kuriositäten rund um die Masurischen Seen

Lagerfeuer
Die Masurischen Seen sind auch für Polen ein großes, attraktives Outdoor-Ziel. Zurück zur Natur, lautet die Devise, und da mögen es die Polen gerne altpolnisch-deftig. Ein zünftiges Lagerfeuer gehört einfach dazu.

Wassersport
Im Land der tausend Seen sind alle Sportarten angesagt, die mit Wasser zu tun haben. Im Sommer Segeln, Paddeln, Windsurfen. Und im Winter versuchen die Eissegler, auf den gefrorenen Wasserflächen neue Geschwindigkeitsrekorde aufzustellen.

Country-Idylle
Der wilde Westen fängt für die polnischen Countrymusik-Fans in Masuren an, genauer in Mrągowo/Sensburg. Beim jährlichen Country-Festival lautet die Devise: Go West! Und angesichts all der Hillbillys und Großstadt-Cowboys, die dann zum Square-Dance antanzen, könnten sich die masurischen Störche schon mal fragen, ob ihr Orientierungssinn sie getrogen hat.

Winterromantik
Die meisten Polen sind große Romantiker. Der Handkuss gerät bei den Jüngeren vielleicht außer Mode, aber Blumen für die Dame des Herzens bleiben ein Muss. Besonders romantisch wird es im Winter, der nirgends in Polen länger dauert als in Masuren. Eine Fahrt im Pferdeschlitten, in warme Decken gehüllt, verzaubert den harten polnischen Winter in den tief verschneiten Wäldern.

Ritterspiele
Zur Romantik gehört auch, dass sich die Polen gerne als edle Ritter in schimmernder Rüstung präsentieren – und zwar buchstäblich. Im ganzen Land gibt es Dutzende von Rittergesellschaften, die Schwertkampf und höfische Sitten trainieren, um dann im Sommer gegeneinander antreten zu können. Besonders beliebt sind diese Ritterspiele, die viele Zuschauer anziehen und mit Musik und Unterhaltung aufgepeppt werden, an historischen Orten. Die Ordensburgen und -schlösser in Masuren bilden daher genau die richtige Kulisse für diese Treffen.

Von Anreise bis Zoll

Hier finden Sie kurz gefasst die wichtigsten Adressen und Informationen für Ihre Masurenreise

ANREISE

Bahn

Auf den internationalen Eisenbahnstrecken fahren Schnellzüge, IC- und EC-Züge. Die Züge führen 1. und 2. Klasse sowie einen Speisewagen. Nachtzüge bestehen aus Liege- und Schlafwagen. Direktverbindungen nach Warschau bestehen aus Berlin, Dresden und Hannover. Von dort aus geht es weiter mit Bahn oder Bus nach Masuren. Für alle Reisen nach Polen bietet die Deutsche Bahn einen Sparpreis Polen und einen ICE-Familien-Sparpreis Polen an *(www.bahn.de)*.

Bus

Busverbindungen von Deutschland aus bietet die *Deutsche Touring GmbH (Europabus)* in Kooperation mit anderen Veranstaltern *(Am Römerhof 17, 60486 Frankfurt/M., Tel. 069/79 03–288, Fax 707 49 04, www.deutsche-touring.com)*. Von Berlin gibt es Linienverbindungen nach Olsztyn/Allenstein und Giżycko/Lötzen *(Bayern Express & P. Kühn Berlin GmbH, Tel. 030/860 96–0, Fax –299, www.berlinlinienbus.de)*.

Flugzeug

Die polnische Fluggesellschaft LOT bietet von deutschen Städten Direktflüge nach Warschau an *(Auskunft: LOT, Tel. 01803/00 30 36, Fax 00 04 40, www.lot.com)*, ebenso die Lufthansa *(www.lufthansa.de)*. Im Sommer bietet DNV-Touristik von einigen deutschen Flughäfen Direktflüge nach Masuren (Szczytno/Ortelsburg) an. *Auskünfte: Tel. 07154/13 18 30, www.dnv-tours.de.*

AUSKUNFT

Polnisches Fremdenverkehrsamt

Marburger Str. 1, 10789 Berlin, Tel. 030/21 00 92-0, Fax 21 00 92 14, Mo–Fr 9–12 Uhr (Publikumsverkehr) und 14–16 Uhr, www.polen-info.de

Polorbis Reiseunternehmen GmbH

Hohenzollernring 99, 50672 Köln, Tel. 0221/95 15 34 20, Fax 52 82 77

Polnisches Fremdenverkehrsamt Österreich/Schweiz

Mariahilfer Str. 32–34/102, A-1070 Wien, Tel. 01/524 71 91, Fax 01/524 71 91 20, Mo–Do 8.30–17, Fr 8.30–15 Uhr, polska@netway.at

AUTO

Nationaler Führerschein und grüne Versicherungskarte sind vorgeschrieben. In Polen gilt ein absolutes

Alkoholverbot am Steuer. Vom 1. November bis zum 1. März muss auch tagsüber das Abblendlicht eingeschaltet sein. Die *Höchstgeschwindigkeit* beträgt 60 km/h in Ortschaften, 90 km/h auf Landstraßen und 110 km/h auf Schnellstraßen. Das Überschreiten der Geschwindigkeit ist wird mit bis zu 130 Euro geahndet. *Pannennotruf 981* oder Pannenhilfe des Polnischen Motorverbandes (PZM): 9637. Die meisten *Tankstellen* haben von 6 bis 22 Uhr geöffnet, an den Fernstraßen auch rund um die Uhr. Benzin (98 und 94 Oktan) entspricht deutschem Normalbenzin. ON ist die polnische Abkürzung für Diesel. Bleifreies Benzin ist in allen größeren Orten erhältlich, die Tanksäulen sind durch ein durchgestrichenes Pb zu erkennen. Einige der Tankstellen bieten Flüssiggas als Treibstoff an. Sie sind mit »LPG-Gaz« oder »Auto-Gaz« gekennzeichnet.

BANKEN & GELDWECHSEL

Landeswährung ist der Złoty. Er ist seit einigen Jahren konvertibel, sodass Sie bereits eine kleinere Summe (100 bis 200 Złoty) mit nach Polen bringen sollten. In Polen sollten Sie nur in Banken oder Wechselstuben *(kantor)* Geld tauschen, auf keinen Fall auf der Straße. Die Gefahr, betrogen zu werden, ist inzwischen zu groß. Der Kurs im *kantor* ist meist etwas besser als in der Bank. Öffnungszeiten: *Mo–Fr 8–17, Sa 8–14 Uhr*, oft auch am Sonntag. Reiseschecks werden nur in Banken akzeptiert. In allen größeren Städten können Sie am *bankomat* mit Kreditkarten und EC-Karte Geld ziehen.

CAMPING

Im masurischen Seengebiet sind von Mai bis September zahlreiche und gut ausgerüstete Campingplätze geöffnet, einige auch ganzjährig. Alle Campingplätze verfügen über Stellplätze für Zelte und Wohnwagen, die jeweils mit einem elektrischen Anschluss von 220 Volt ausgestattet sind. Es gibt überall fließendes Wasser und sanitäre Anlagen, Kochstellen und Abwaschgelegenheiten für Geschirr. Gegen Vorlage der internationalen Camperkarte gibt es auch in Polen Ermäßigung. Auskünfte erteilt der *Polnische Campingverband PFCC, ul. Grochowska 331, 03823 Warszawa, Tel./Fax 022/810 60 50, www.polenscout.de/camping*

DIPLOMATISCHE VERTRETUNGEN

Deutsche Botschaft
ul. Dąbrowiecka 30, 03932 Warszawa, Tel. 022/617 30 11, Fax 617 35 82

Deutsches Konsulat
al. Zwycięstwa 23, 80219 Gdańsk, Tel. 058/341 43 66, Fax 341 22 45

Österreichische Botschaft
ul. Gagarina 34, 00955 Warszawa, Tel. 022/341 00 81, Fax 341 00 85

Botschaft der Schweiz
al. Ujazdowskie 27, 00540 Warszawa, Tel. 022/628 04 81, Fax 621 05 48

EINREISE

Deutsche, Österreicher und Schweizer, die nicht länger als 90 Tage in Polen bleiben möchten, brauchen kein Visum. Der Reisepass muss aber noch mindestens sechs Monate gültig sein.

FKK

Offiziell gibt es im katholischen Polen keine Nacktbadestrände. Doch wenn Sie ein einsames Seeufer finden, was in Masuren nicht sehr schwer ist, können Sie getrost alle Hüllen fallen lassen.

GESUNDHEIT

Schließen Sie vor Urlaubsantritt eine Reisekrankenversicherung ab. Zwar müssen Sie dann in Polen für Arztkosten dennoch Vorkasse leisten, doch gegen Quittung werden Ihnen die Auslagen problemlos ersetzt. Erste Hilfe wird kostenlos geleistet. Vor einer längeren Masuren-Tour ist es sinnvoll, sich gegen Zeckenbisse impfen zu lassen.

INTERNET

Einige interessante Internetadressen für Masuren-Touristen sind:
www.masuren.de/ (über Masuren, deutsch)
www.urlaub-polen.de/ (allgemein über Urlaub in Polen, Wetter etc., deutsch)
www.wim.pl/ (über Ermland und Masuren, nur polnisch)
www.hotelspoland.com/ (Hotelbuchung auch auf Deutsch)

INTERNETCAFÉS

Zwar gibt es in allen größeren Städten Internetcafés, auch viele Hotels bieten diesen Service an, doch die meisten Cafés entstehen, verschwinden, entstehen woanders neu.

Piwnica Internetowa
Ul. Mały Rynek, Mrągowo, Mo–Fr 12–20, Sa 10–20 Uhr

JUGENDHERBERGEN

Die Jugendherbergen in Polen sind organisiert im Polnischen Verband der Jugendherbergen (PTSM), der wiederum Mitglied des Internationalen Jugendherbergsverbandes (IYHF) ist. Die Herbergen können nur von Mitgliedern der jeweiligen Heimatverbände benutzt werden. Informationen: *Hauptverwaltung der PTMS (ul. Chocimska 28, 00791 Warszawa, Tel. 022/ 849 81 28, Tel./Fax 849 83 54, hostellingpol.ptsm@pro.onet.pl; www.hostelling.com.pl).* Hier kann man auch eine Reservierung vornehmen. Für Auskünfte über Masuren kann man sich auch direkt an das *Jugendherbergswerk in Olsztyn/Allenstein* wenden *(ul. Kopernika 45, 10512 Olsztyn, Tel. 089/ 527 66 50).*

MIETWAGEN

Bei Avis, Hertz, Budget und regionalen Firmen können Sie direkt an den Bahnhöfen, in großen Hotels bzw. über die örtlichen (Reise-) Büros mieten. Die Preise unterscheiden sich nicht von denen in Deutschland, Österreich und der Schweiz.

NOTRUF

Polizei: *Tel. 997*
Feuerwehr: *Tel. 998*
Rettungsdienst: *Tel. 999*

ÖFFENTLICHE VERKEHRSMITTEL

Polen hat gut ausgebaute Eisenbahnlinien, die es erlauben, sich sowohl zwischen größeren Städten als auch einigen kleineren touristischen Ortschaften bequem zu bewegen *(www.pkp.com.pl).* Außerdem gibt es ein weit verzweigtes Buslinien-Netz, das von zwei großen Firmen befahren wird, der staatlichen *PKS* und der privaten *Polski Express.* Fahrkarten gibt es an Busbahnhöfen, in Reisebüros oder beim Fahrer selbst. Kinder bis zum 4. Lebensjahr ohne eigenen Sitzplatz reisen gratis, Kinder von vier bis sieben Jahren erhalten 50 Prozent Ermäßigung. Die Zugbahnhöfe und die Fernbusbahnhöfe liegen häufig nebeneinander. Auf längeren Strecken sind die Polski-Express-Busse den meist älteren PKS-Modellen vorzuziehen.

ÖFFNUNGSZEITEN

In Polen gibt es kein Ladenschlussgesetz. *Lebensmittelläden* sind meist von *Mo–Fr 7–19 Uhr und Sa 8–14 Uhr* geöffnet. *Banken: Mo–Fr 8–16, Sa 8–13 Uhr. Apotheken: Mo–Fr 8–18 Uhr.* Viele Läden öffnen auch sonntags, in fast allen Städten gibt es Läden, die rund um die Uhr geöffnet sind.

POST

Postämter sind *Mo–Fr 8–16 Uhr* geöffnet. Briefe nach Westeuropa brauchen im Hochsommer bis zu zwei Wochen, sonst eine Woche. Die roten Briefkästen sind die richtigen. Die grünen dienen nur dem regionalen Postverkehr. Porto nach Westeuropa: für eine Karte oder einen Standardbrief 1,90 Zł bzw. 2 Zł (Luftpost).

STROM

Überall 220 Volt Wechselstrom, die Stecker passen.

€	Złoty	Złoty	€
1	3,66	10	2,74
2	7,30	20	5,48
3	10,95	25	6,84
5	18,26	30	8,21
10	26,52	50	13,69
15	54,78	70	19,16
25	91,30	90	24,63
40	146,08	150	41,05
60	219,12	400	109,48

TAXIS

Die Preise für die drei Zonen Innenstadt, Außenbezirke und Feiertags- oder Nachtfahrten sind gut sichtbar innerhalb und außerhalb des Taxis angebracht. Bei längeren Fahrten lässt sich der Peis mit dem Fahrer vorab aushandeln.

TELEFON & HANDY

Vorwahl nach Deutschland: 0049, nach Österreich 0043, in die Schweiz 0041. Vorwahl nach Polen: 0048 und danach die Ortsvorwahl ohne 0.

Wichtig: Wenn Sie innerhalb von Polen ein Ferngesprächen führen möchten, müssen Sie als erstes die Nummer einer Telefongesellschaft wählen, also zunächst 01033 oder 01044 und anschließend die Vorwahl des jeweiligen Ortes ohne 0.

Die öffentlichen Telefonzellen können Sie entweder mit einer Telefon- oder einer Chipkarte benutzen, die Sie in Postämtern und größeren Hotels kaufen können. Üblich sind Telefonkarten *(karta telefoniczna)* mit 25 oder 100 Einheiten. Wichtig: Vor der Erstbenutzung der Karte müssen Sie eine Ecke abbrechen (links oben), erst dann nimmt der Automat sie auch an. Chipkarten gibt es nur für 50 Einheiten.

Telegrammaufnahme: Tel. 905, Inlandauskunft: Tel. 913

Da die Telefonleitungen in Polen ziemlich schlecht sind und das Festnetz nicht so gut ausgebaut ist, haben sehr viele Polen ein Handy. Telefonieren am Steuer ist verboten und wird mit einem Bußgeld geahndet. Beim Telefonieren mit dem Handy lässt man sowohl die im Festnetz nötige Nummer der Telefongesellschaft als auch die Null bei der Vorwahl weg.

TOILETTEN

In Polen werden die Toiletten oft nur mit einem Symbol gekennzeichnet – ein Kreis für die Damen, ein Dreieck für die Herren. Dies liegt daran, dass im Polnischen *pan* (Herr) und *pani* (Dame) mit einem »P« beginnen und daher als Symbol ungeeignet sind. Gebühr: 1 Zł.

Was kostet wie viel?

Tee – **45 Cent** für eine Tasse Tee

Wasser – **60 Cent** für ein Glas Mineralwasser

Bier – **0,70–1,25 Euro** für ein Glas Bier

Benzin – **1 Euro** für einen Liter Super

Eintritt – **1,40–5,60 Euro** für einen Museumsbesuch

Fahrrad – **2,80–5,60 Euro** Mietpreis für eine Stunde

TRINKGELD

Ein 5- bis 10-prozentiges *napiwek* ist eine angemessene Anerkennung für guten Service. Auch bei Taxifahrten wird aufgerundet.

WETTER & REISEZEIT

Das Wetter in Masuren ist eher unbeständig. Die Sommer können sehr heiß, die Winter bitter kalt sein. Ab Ende Mai beginnt in Masuren die Schönwettersaison. Sie dauert bis Mitte August, aber auch im September gibt es häufig noch sonnige Tage. Im Winter, wenn die Seen zugefroren sind und auf den Bäumen, Häusern und Storchennestern dicker, weißer Schnee liegt, wirkt das Land weit, ruhig und wie märchenhaft verzaubert.

ZEITUNGEN

Internationale Zeitungen führen alle größeren Hotels, in den größeren Städten oft die Buchhandelskette EMPIK sowie gut sortierte Kioske an den Bahnhöfen.

ZOLL

Gegenstände des persönlichen Bedarfs und Geschenke im Wert bis zu 175 Euro können zollfrei ein- und ausgeführt werden, beispielsweise Ihre Videokamera oder Ihr Fotoapparat. Wenn sie von Polen allerdings auf dem Land- oder Seeweg wieder in die EU einreisen, liegt dieser Betrag lediglich bei 125 Euro. Zollfrei sind auch 2 l Wein oder 5 l Bier, 250 Zigaretten oder 50 Zigarren. Jäger müssen sich für die Einfuhr von Jagdwaffen bei der polnischen Botschaft oder dem polnischen Konsulat eine Genehmigung besorgen. Ohne Sondergenehmigung dürfen keine Gegenstände ausgeführt werden, die vor 1945 in Polen hergestellt wurden. Vorsicht also beim Kauf von Antiquitäten oder Bildern.

Wetter in Szczytno

	Jan.	Feb.	März	April	Mai	Juni	Juli	Aug.	Sept.	Okt.	Nov.	Dez.
Tagestemperaturen in °C	-8	-2	5	11	17	20	25	25	20	12	5	0
Nachttemperaturen in °C	-10	-8	-3	3	8	12	16	16	12	8	-3	-6
Sonnenschein Std./Tag	1	1	4	6	6	7	8	8	7	4	1	1
Niederschlag Tage/Monat	8	7	6	6	9	9	12	12	8	6	4	4

Czy mówisz po polsku?

»Sprichst du Polnisch?«
Dieser Sprachführer hilft Ihnen, die wichtigsten Wörter und Sätze auf Polnisch zu sagen

Zur Erleichterung der Aussprache sind alle polnischen Wörter mit einer einfachen Aussprache (in eckigen Klammern) versehen. In mehrsilbigen Wörtern wird die vorletzte Silbe betont.

AUF EINEN BLICK

Ja./Nein.	Tak. [tak]/Nie. [njä]
Vielleicht.	Może. [moschä]
Bitte.	Proszę. [proschän]
Danke.	Dziękuję. [dsiänkujän]
Gern geschehen.	Zrobiłem/zrobiłam to z przyjemnością. [srobbiuäm/srobbiuam to spschijämnoschtschon]
Entschuldigung!	Przepraszam! [pschäprascham]
Wie bitte?	Słucham? [suucham]
Ich verstehe Sie nicht.	Nie rozumiem pana/pani. [njä rossumjäm pana/panji]
Können Sie mir bitte helfen?	Czy może mi pan/pani pomóc? [tschi moschä mi pan/panji pommuz]
Ich möchte …	Chciałbym/Chciałabym … [chtschaubim/chtschauabim]
Das gefällt mir (nicht).	To mi się (nie) podoba. [to mi schän (njä) poddobba]
Haben Sie …?	Czy ma pan/pani …? [tschi ma pan/panji]
Wie viel kostet es?	Ile to kosztuje? [ilä to koschtujä]
Wie viel Uhr ist es?	Która godzina? [ktura goddsina]

KENNENLERNEN

Guten Morgen/Tag!	Dzień dobry! [dsiänj dobbri]
Guten Abend!	Dobry wieczór! [dobri wätschur]
Hallo!/Grüß dich!	Halo!/Witam! [chalo/witam]
Wie heißt du?	Jak się nazywasz? [jak schän nasiwasch]
Wie geht es Ihnen?	Jak się panu/pani powodzi? [jak schän panu/panji powwoddsi]

Danke. Und Ihnen?	Dziękuję. [dsiänkujän] A panu/pani? [a panu/panji]
Auf Wiedersehen!	Do widzenia! [do widsänja]
Bis morgen!	Do jutra! [do jutra]
Gute Nacht!	Dobranoc! [dobbranotts]
Tschüs!	Serwus! [särwus]

UNTERWEGS

Auskunft

links	na lewo [na läwo]
rechts	na prawo [na prawo]
geradeaus	prosto [prossto]
nah / weit	blisko [blisko]/daleko [daläko]
Bitte, wo ist ...?	Przepraszam, gdzie jest ...? [pschäprascham, gdsiä jäst]
Wie weit ist das?	Jak to jest daleko? [jak to jäst daläko]

Panne

Ich habe eine Panne.	Mam awarię samochodu. [mam awarjän samochoddu]
Würden Sie mich bis zur nächsten Werkstatt abschleppen?	Odholowałby mnie pan/odholowałaby mnie pani do najbliższego warsztatu? [ottchollowwaubi mnjä pan/ottchollowwauabi mnjä panji do najblischschägo warschtatu]
Wo ist hier in der Nähe eine Werkstatt?	Gdzie jest tu w pobliżu warsztat naprawczy? [gdsiä jäst tu f pobblischu warschtat napraftschi]

Tankstelle

Wo ist bitte die nächste Tankstelle?	Przepraszam, gdzie jest najbliższa stacja benzynowa? [pschäprascham, gdsiä jäst najblischscha stazja bänsinowwa]
Ich möchte ... Liter	Chciałbym/chciałabym ... litrów [chtschaubim/chtschauabim ... litruf]
... Normalbenzin.	... benzyny niskooktanowej. [bänsini njiskoocktanowwäj]
... Super/Diesel.	... wysokooktanowej/ropy. [wisockoocktanowwäj/roppi]
Volltanken, bitte.	Proszę do pełna. [proschän do päuna]

Unfall

Hilfe!	Ratunku! [ratunku]
Rufen Sie bitte schnell ...	Proszę wezwać szybko ... [proschän wäswatsch schipko]
... einen Krankenwagen.	... karetkę pogotowia.

	[karätkän poggottowwa]
… die Polizei.	… policję. [pollizjän]
… die Feuerwehr.	… straż pożarną. [strasch poscharnon]
Es war Ihre Schuld.	To była pana/pani wina. [to biua pana/panji wina]
Geben Sie mir bitte Ihren Namen und Ihre Anschrift.	Proszę mi podać pana/pani nazwisko i adres. [proschän mi poddatsch pana/panji naswisko i adräs]

ESSEN/UNTERHALTUNG

Wo gibt es hier …	Gdzie jest tu w pobliżu … [gdsiä jäst tu fpobblischu]
… ein gutes Restaurant?	… dobra restauracja? [dobbra rästaurazja]
… ein nicht zu teures Restaurant?	… nie za droga restauracja? [njä sa drogga rästaurazja]
Gibt es hier eine gemütliche Kneipe?	Czy jest tu jakaś miła knajpa? [tschi jäst tu jakasch miua knajpa]
Reservieren Sie uns bitte für heute abend einen Tisch für vier Personen.	Proszę zarezerwować dla nas na dziś wieczór stolik na cztery osoby. [proschän saräsärwowwatsch dla nas na dsisch wjätschur stollik na tschtäri ossobbi]
Auf Ihr Wohl!	Pana/pani zdrowie! [pana/panji sdrowwjä]
Diese Runde übernehme ich.	Stawiam tę kolejkę. [stawjam tän kolläjkän]
Bezahlen, bitte.	Płacić, proszę. [puatschitsch, proschän]
Hat es geschmeckt?	Smakowało? [smakowwauo]
Das Essen war ausgezeichnet.	Jedzenie było znakomite. [jädsänjä biuo snakommitä]

ÜBERNACHTUNG

Können Sie mir bitte … empfehlen?	Może mi pan/pani polecić … [moschä mi pan/panji pollätschitsch]
… ein gutes Hotel…	… dobry hotel? [dobbri chottäl]
… eine Pension…	… pensjonat? [pänsjonnat]
Haben Sie noch Zimmer frei?	Czy ma pan/pani jeszcze wolne pokoje? [tschi ma pan/panji jäschtschä wollnä pockojjä]
ein Einzelzimmer	pokój jednoosobowy [pockuj jädnoossobbowwi]
ein Zweibettzimmer	pokój dwuosobowy [pockuj dwuossobbowwi]
mit Bad	z łazienką [s uasiänkon]

mit Dusche — z prysznicem [s prischnjizäm]
für eine Nacht — na jedną noc [na jädnon noz]
für eine Woche — na tydzień [na tidsiänj]
Was kostet das Zimmer mit … — Ile kosztuje pokój … [ilä koschtujä pockuj]
… Frühstück? — … ze śniadaniem? [sä schnjadanjäm]
… Halbpension? — … ze śniadaniem i kolacją? [sä schnjadanjäm i kollazjon]
… Vollpension? — … z całodziennym utrzymaniem? [s zauoddsiännim utschimanjäm]
Kann ich das Zimmer ansehen? — Mogę ten pokój obejrzeć? [moggän tän pockuj obbäjschätsch]

PRAKTISCHE INFORMATIONEN

Arzt

Können Sie mir einen guten Arzt empfehlen? — Czy może mi pan/pani polecić dobrego lekarza? [tschi moschä mi pan/panji pollätschitsch dobbrägo läkascha]

Ich habe hier Schmerzen. — Tu mam bóle. [tu mam bulä]

Bank

Wo ist hier bitte … — Gdzie tu jest … [gdsiä tu jäst …]
… eine Bank? — … bank? [bank]
… eine Wechselstube? — … kantor (wymiany walut)? [kantorr (wimjani walut)]

Ich möchte … Euro (Schweizer Franken) in Złoty wechseln. — Chciałbym/*f* Chciałabym wymienić … euro niemieckich (franków szwajcarskich) na złotych. [chtschaubim/chtschauabim wimänjitsch … euro njämäzkich (frankuf schfajzarskich) na suottich]

Post

Was kostet … — Ile kosztuje … [ilä koschtujä]
… ein Brief … — … list … [list]
… eine Postkarte … — … pocztówka … [pottschtufka]
… nach Deutschland? — … do Niemiec? [do njämäz]

ZAHLEN

1 jeden [jädän]
2 dwa [dwa]
3 trzy [tschi]
4 cztery [tschtäri]
5 pięć [pänjtsch]
6 sześć [schäschtsch]
7 siedem [schädäm]
8 osiem [oschäm]
9 dziewięć [dsiäwänjtsch]
10 dziesięć [dsiäschänjtsch]
100 sto [sto]
1000 tysiąc [tischonz]
1/2 jedna druga [jädna druga]
1/4 jedna czwarta [jädna tschwarta]

Reiseatlas Masurische Seen

Die Seiteneinteilung für den Reiseatlas finden Sie auf dem hinteren Umschlag dieses Reiseführers

Kartenlegende Reiseatlas

Autobahn mit Anschlussstelle -, Halbanschlussstelle - Mautstelle	Horb 6 1	Motorway with junction -, half junction - Toll
Autobahn in Bau - geplant	Datum	Motorway under construction - projected
Tankstelle - Rasthaus -, mit Motel	La Macchia	Filling station - Restaurant -, with motel
Vierspurige Straße - in Bau		Road with four lanes - under construction
National- oder Staatsstraße - in Bau		Trunk road - under construction
Wichtige Hauptstraße - in Bau		Important main road - under construction
Hauptstraße - Nebenstraße		Main road - Secondary road
Fahrweg - Fußweg		Practicable road - Foothpath
Passstraße mit Wintersperre - Steigung	X-IV 10%	Mountain pass closed in winter - Gradient
Für Wohnwagen nicht empfehlenswert -, verboten		Not suitable for caravans - closed
Maut - gebührenpflichtige Straße - Für Kfz gesperrt		Toll - Toll road - Road closed for motor traffic
Hauptbahn mit Bahnhof - Nebenbahn		Main railway with station - Other railway
Eisenbahn (Güterverkehr) - Autoverladung		Railway (freight haulage) - Railway ferry for cars
Seilbahn - Sessellift - Skilift		Cable lift - Chair lift - T-bar
Schifffahrtslinie mit Autotransport		Car ferry route
Flughafen - Flugplatz - Segelflugplatz		Airport - Airfield - Gliding field
Besonders sehenswerter Ort	LISBOA	Place of particular interest
Besondere Natursehenswürdigkeit	Grotta d. Vento	Natural object of particular interest
Sonstige Sehenswürdigkeit	✶ Cittadella	Other objects of interest
Landschaftlich schöne Strecke		Scenic road
Touristenstraße	Route des Grandes Alpes	Tourist route
Nationalpark, Naturpark - Aussichtspunkt		National park, nature park - Viewpoint
Botanischer Garten, sehenswerter Park		Botanical gardens, interesting park
Zoologischer Garten - Wildgehege		Zoological garden - Game park, game preserve
Burg, Schloss für Besucher zugänglich - Ruine		Castle open to public - Ruin
Sonstige Burg, Schloss - Kirche - Kloster - Ruinen		Other castle - Church - Monastery - Ruins
Turm - Funk- oder Fernsehturm		Tower - Radio- or TV tower
Denkmal - Leuchtturm		Monument - Lighthouse
Alleinstehendes Hotel oder Gasthaus - Motel		Isolated hotel or inn - Motel
Jugendherberge - Berghütte - Einzelhof		Youth hostel - Mountain hut - Isolated building
Campingplatz ganzjährig -, nur im Sommer		Camping site permanent - seasonal
Strandbad - Schwimmbad - Heilbad		Bathing place - Swimming pool - Spa
Staatsgrenze mit Grenzübergang		State boundary with border crossing point
Verwaltungsgrenze - Sperrgebiet		Administrative boundary - Restricted area
Ausflüge & Touren		Excursions & tours

Солдатово
Soldatovo
A
Климовка
Klimovka
Рябиновка
R'abinovka
B
Бычково
Byčkovo
Дворкино
Dvorkino
Тростники
Trostniki
C
A196
Жел
Posłusze
Szczurkowo
Parkoszewo
Ostre Bardo
1
Basze
Rogielkajmy
Lipica
Železnod
Gaj
Mom
Nw. Witki
Stopki
Masuny
Gierkiny
Wodukajmy
Żydowo
Domarady
Dzietrzychowo
512
Przewarszyty
Zydlung
Roskajmy
Garbno
Leginy
Miedna
Skitno
Długa
Liski
Lwowiec
Skanda
Dąbrowa
Smolanka
Romankowo
Wirwilty
Rusajny
SĘPOPOL
(SCHIPPENBEIL)
BARTOSZYCE
(BARTENSTEIN)
Łyna
Guber
Silginy
Krelikiejmy
2
Kość. Św. Jana
Prosna
Wągniki
Wiatrowiec
Sątoczno
Kolwiny
Jez. Kinkajmskie
Kałwagi
Bykowo
Kinkajmy
Różyna
Studzieniec
Nizina Sępopolska
Pisa
Sajna Wlk.
Pałac Doenhoffów
Szwarunki
Łusiny
Sokolica
Maszewy
Śmiardowo
Gierkiny
590
Minty
Pasławki
KORSZE
(KORSCHEN)
Parys
Łabednik
(Groß Schwansfeld)
Sporwiny
Pałac Eulenburgów
Węgoryty
Warnikajmy
3
592
Galiny
Gromki
Bajdyty
Kowalewo Duże
Olszynka
Świętojańska Młynówka
Łankiejmy
(Langheim)
Kraskowo
57
Kol. Wozławki
Paluzy
Janowiec
Wandajny
Suśnik
592
Trutnowo
Wozławki
Grzęda
590
Warmiany
513
Pleśno
Gudniki
Rokitnik
Lędławki
Wojkowo
Trzeciaki
Babieniec
Sułowo
BISZTYNEK
(BISCHOFSTEIN)
Worpławki
4
Tolniki Mł.
Sątopy-Samulewo
Klewki
Kol. Troszkowo
Sątopy
594
Troksy
45
RESZEL (Rössel)
Prosity
Lądek
Troszkowo
Unikowo
Zamek biskupi
Sajna
8%
Księżno
Wysoka Dąbrowa
Mnichowo
Robawy
Ramty
Ryn Reszelski
590
Kramarzewo
Wągsty
Lutry
593
Kominki
Zawidy
Jez. Bierdawy
Wójtowo
Jez. Kławój
Kocibórz
596
5
Kolno
Kabiny
Samławki
Leginy
Piszewo
Jez. Luterskie
Jez. Pasterzewo
Jez. Legińskie
Jez. Wiaryński
Żardeniki
Kikity
Widryny
Jez. Kikity
Jez. Ławki
Kruzy
Łężany
(Losainen)
Jez. Tejstymy
Górowo
Rez. Leśny Bukowy
Jez. Trzcinno
Miejska Wieś
Pał. Stockhausenów
Biesówko
kurhan
Bęsia
Burszewo
Jez. Bęskie
Żerbuń
590
Gizewo
Biesowo
596
Rez. Leśny Dębowo
Warpuny
Kiersztanowo
57
Szymanowo
Jez. Stryjewskie
Czerwonka
Jez. Warpuńskie
Stryjewo
Żyndaki
6
Węgój
Surmówka
Jez. Wipsowo
Jez. Węgój
Jez. Zyndacki
Wilimy
Wipsowo
5 km
Jez. Gielądzki
Bredynki
Stanclewo
Najdymowo
Jez. Jełmuń
Choszczewo
Pustniki

112

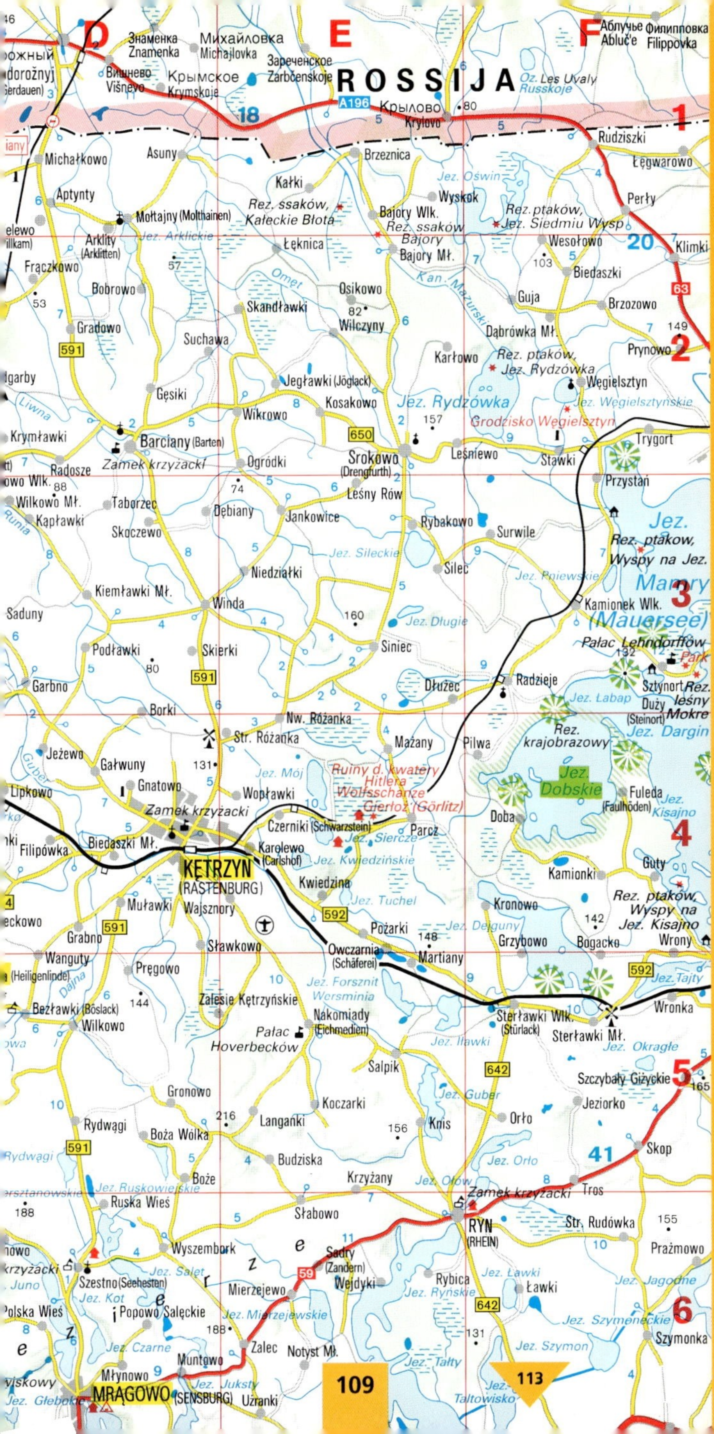

D
E
F
ROSSIJA
Знаменка
Znamenka
Михайловка
Michajlovka
Зареченское
Zarbčenskoje
Аблучье
Abluč'e
Филипповка
Filippovka
Вишнево
Višnevo
Крымское
Krymskoje
Крылово
Krylovo
A196
Oz. Les Uvaly
Russkoje
18
1
Rudziszki
Łęgwarowo
Michałkowo
Asuny
Brzeznica
Kałki
Jez. Oświn
Wyskok
Perły
Aptynty
Mołtajny (Molthainen)
Rez. ssaków, Kałeckie Błota
Bajory Wlk.
Rez. ssaków Bajory
Rez. ptaków, Jez. Siedmiu Wysp
Arklity (Arklitten)
Jez. Arklickie
Łęknica
Bajory Mł.
Wesołowo
20
Klimki
Frączkowo
Omęt
Biedaszki
Bobrowo
Osikowo
Kan. Mazurski
Guja
Brzozowo
63
Skandławki
Wilczyny
Gradowo
Dąbrówka Mł.
591
Suchawa
Karłowo
Rez. ptaków, Jez. Rydzówka
Prynowo
2
Węgielsztyn
Jegławki (Jöglack)
Jez. Węgielsztyńskie
Gęsiki
Kosakowo
Jez. Rydzówka
Grodzisko Węgielsztyn
Wikrowo
650
Trygort
Krymławki
Barciany (Barten)
Leśniewo
Zamek krzyżacki
Ogródki
Srokowo (Drengfurth)
Stawki
Radosze
Przystań
Wilkowo Mł.
Taborzec
Leśny Rów
Kąpławki
Dębiany
Jankowice
Rybakowo
Jez.
Skoczewo
Surwile
Rez. ptakow, Wyspy na Jez.
Jez. Sileckie
Silec
Niedziałki
Jez. Pniewskie
Mamry
3
Kiemławki Mł.
Kamionek Wlk.
Winda
(Mauersee)
Saduny
Jez. Długie
Pałac Lehndorffów
Park
Podławki
Skierki
Siniec
Sztynort
Rez. leśny Mokre
Garbno
Dłużec
Radzieje
Duży (Steinort)
Jez. Łabap
Jez. Dargin
Borki
Nw. Różanka
Str. Różanka
Mażany
Pilwa
Rez. krajobrazowy
Jeżewo
Gałwuny
Jez. Mój
Ruiny d. kwatery Hitlera Wolfsschanze
Jez. Dobskie
Lipkowo
Gnatowo
Wopławki
Gierłoż (Görlitz)
Fuleda (Faulhöden)
Jez. Kisajno
Zamek krzyżacki
Czerniki (Schwarzstein)
Parcz
Doba
4
Filipówka
Biedaszki Mł.
Jez. Siercze
KĘTRZYN (RASTENBURG)
Karolewo (Carlshof)
Jez. Kwiedzińskie
Guty
Kamionki
Kwiedzina
Jez. Tuchel
Muławki
Wajsznory
592
Kronowo
Rez. ptaków, Wyspy na Jez. Kisajno
Grabno
Pożarki
Jez. Dejguny
Grzybowo
Bogacko
Wrony
Sławkowo
Owczarnia (Schäferei)
Martiany
Wanguty
(Heiligenlinde)
Pręgowo
Jez. Forsznit
Wersminia
Jez. Tajty
Dajna
Bezławki (Böslack)
Wilkowo
Zalesie Kętrzyńskie
Nakomiady (Eichmedien)
Sterławki Wlk. (Stürlack)
Sterławki Mł.
Wronka
Pałac Hoverbecków
Jez. Iławki
Jez. Okrągłe
Salpik
642
Szczybały Giżyckie
5
Gronowo
Koczarki
Jez. Guber
Jeziorko
Rydwągi
Boża Wólka
Langanki
Knis
Orło
Budziska
Skop
41
Jez. Orło
Jez. Ruskowiejskie
Krzyżany
Jez. Ołów
Zamek krzyżacki
Tros
Ruska Wieś
Słabowo
RYN (RHEIN)
Str. Rudówka
Wyszembork
Prażmowo
Sadry (Zandern)
Szestno (Seehesten)
Jez. Salęt
59
Rybica
Jez. Ławki
Jez. Jagodne
Jez. Kot
Mierzejewo
Wejdyki
Ławki
Jez. Ryńskie
Polska Wieś
Popowo Salęckie
Jez. Mierzejewskie
Jez. Szymoneckie
6
Szymonka
Jez. Czarne
Zalec
Notyst Mł.
Jez. Szymon
Młynowo
Muntowo
Jez. Tałty
MRĄGOWO (SENSBURG)
Jez. Juksty
Jez. Tałtowisko
Jez. Głębokie
Użranki
109
113

A
B
C
1
2
3
4
5
6
Аблучье Abluč'e
Филипповка Filippovka
Заозерное Zaozernoje
Пограничное Pograničnoje
ROSSIJA
129
119
Rapa (Kleinangerapp)
Zabrost Wlk.
Żabin
Rudziszki
Pochwałki
Mieduniszki Wlk.
Łęgwarowo
Skaliszki
Widgiry
Ołownik
Góry
Olszewo Węgorzewskie
Perły
Sobiechy
Ściborki
200
20
Klimki
Wężówko
133
105
Budzewo
Piotrówko
Gryżewo
Gołdapa
Wilkowo
Pawłowo
63
Więcki
Brzozowo
Jakunowo
Budry
149
Węgorapa
Stulichy
Grady Węgorzewskie
Banie Mazurskie (Benkheim)
Wróbl
Prynowo
Wola
650
161
Popioły
Węgielsztyn
Maćki
Czerwony Dwór
Brzozówka
Dąbrowka Polska
Kalskie Nowiny
Trygort
Zamek Krzyżacki
Krzywieńskie
Piłaki Mł.
Lisy
WĘGORZEWO (ANGERBURG)
Stręgiel
153
Piłaki Wlk.
Grodzisko
Przystań
Jez. Stręgiel
Gębałka
218
Rez. Leśny, Piłackie Wzgórza
Jez.
Kal
Jez. Święcajty
Ogonki
Stręgielek
Kuty (Kutten)
Rez. ptaków, Wyspy na Jez. Mamry
Jez. Stręgielek
Jez. Pniewskie
Dziaduszyn
Przytuły
Jakunówko
Mamry
25
Jez. Wilkus
Lipowa Góra
223
Kol. Harsz
Jez. Harsz
Harsz (Harschen)
147
Jez. Lemięt
Jez. Krzywa Kuta
(Mauersee)
Pozezdrze (Grossgarten)
Jez. Żabinka
Pałac Lehndorffów
132
Park
Jez. Pozezdrze
Przerwanki
Rez. leśny Mokre
Sztynort Duży (Steinort)
Nw. Harsz
Żabinki
151
Jez. Warniak
Jez. Gołdopiwo
Jez. Łabap
Wyludy
Jez. Dargin
Jeziorowskie
Jez. Dgal Wlk.
Fuledzki Róg (Faulhöher Spitze)
Pieczarki
Jez. Brożówka
Poganty
Sołdany
Kruklanki (Kraukeln)
160
Fuleda (Faulhöden)
Swidry
Jez. Fryd
Możdżany
Spytkowo
Pierkunowo
Rez. florystyczny, Torfowisko Spytkowo
Jez. Kisajno
Rez. floryst. Perkuny
Jez. Babka
Jez. Żywy
134
181
Pieczonki
Antonowo
Żywki
Żywy
Guty
Rez. ptaków, Wyspy na Jez. Kisajno
GIŻYCKO LÖTZEN
Jez. Kruklin
Kamionki
Jez. Sołtm
Sołtmany
142
Sulimy
Kożuchy Wlk.
Bogacko
Wrony
Rez. ptaków, Jez. Kożuchy
Twierdza Boyen
zamek krzyżacki grodzisko
Kruklin
592
Jez. Tajty
163
Grajewo
Wilkasy
Upałty Mł.
Suchołaski
Jez. Niegocin
Jez. Wydmińsk
Wronka
Kąp
169
655
Sterławki Mł.
Upałty
Siedliska
59
643
Jez. Okrągłe
Jez. Rudzkie
146
Wydmin (Widminne
165
Szczybały Giżyckie
Kan. Staświnka
Szczepanki
Bogaczewo
137
Kleszczewo
Staświny
41
Skop
656
Siemionki
Jez. Wojnowo
Czyprki
Kozin
Malinka
Ranty
Mitki (Milken)
Str. Rudówka
155
Paprotki
Jagodne Wlk.
Jez. Miłkowskie
Jez. Bycek
Jez. Pamer
Prażmowo
Przykop
Wyszowate
154
Rydzewo (Rotwalde)
Jez. Jagodne
29
Konopki Wlk.
Tałki
Konopki Mł.
Marcinowa Wola
Jez. Szymoneckie
Jez. Ublik Wlk.
Jez. Bielskie
174
Biała Giżyck
Szymonka
Jez. Buweino
Jez. Szymon
Jez. Zielone
Górkło
Ublik
5 km
Jez. Długie
Dąbrówka
Wielkie Jeziora Mazurskie

114

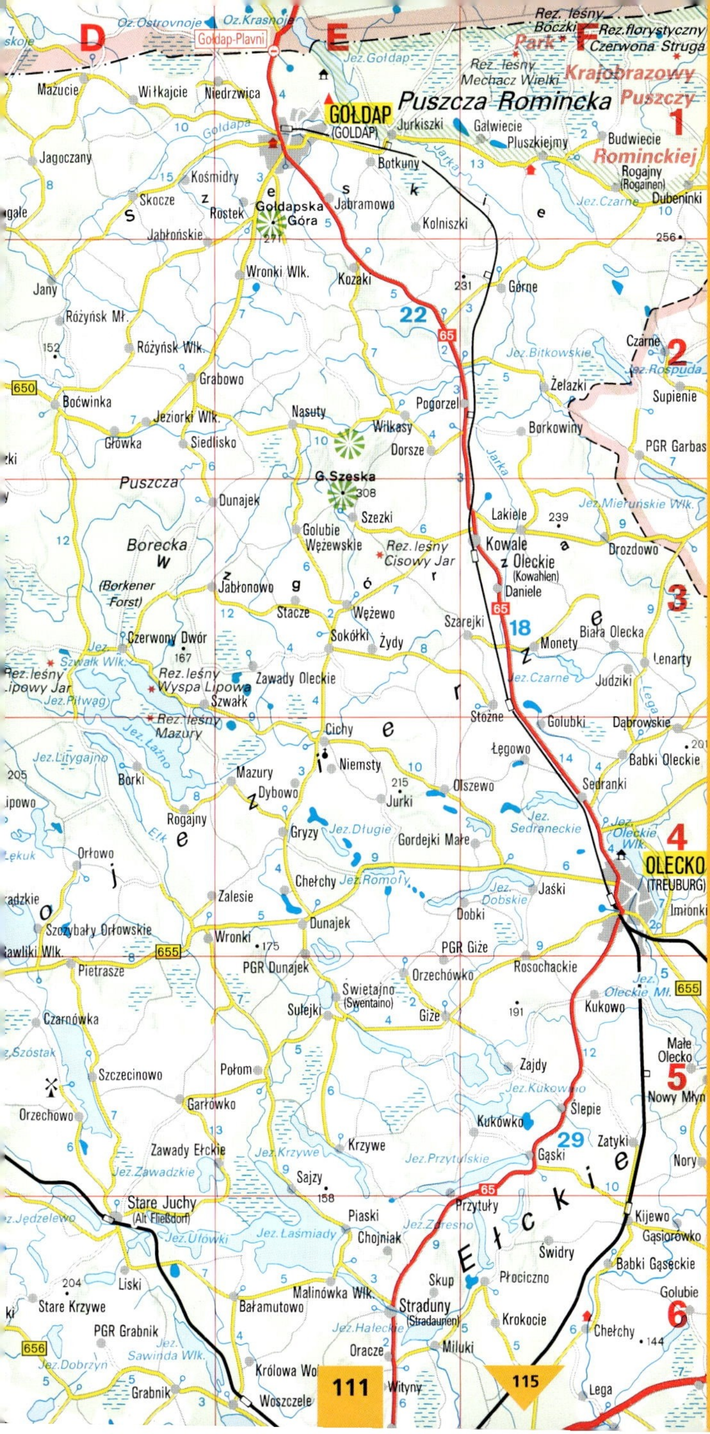
D
E
F
1
2
3
4
5
6
7
Oz. Ostrovnoje
Oz. Krasnoje
Gołdap-Plavni
Rez. leśny Boczki
Rez. florystyczny Czerwona Struga
Park Krajobrazowy Puszczy Romincki
Jez. Gołdap
Rez. leśny Mechacz Wielki
Puszcza Romincka
GOŁDAP (GOLDAP)
Mażucie
Wiłkajcie
Niedrzwica
Jurkiszki
Galwiecie
Pluszkiejmy
Budwiecie
Rogajny (Rogainen)
Dubeninki
Jez. Czarne
Gołdapa
Jagoczany
Kośmidry
Botkuny
Jarka
Skocze
Rostek
Gołdapska Góra
271
Jabramowo
Kolniszki
Jabłońskie
256
Wronki Wlk.
Kozaki
231
Górne
Jany
Różyńsk Mł.
22
65
Czarne
Różyńsk Wlk.
152
Jez. Bitkowskie
Jez. Rospuda
650
Grabowo
Żelazki
Supienie
Boćwinka
Pogorzel
Jeziorki Wlk.
Nasuty
Wilkasy
Borkowiny
Główka
Siedlisko
Dorsze
PGR Garbas
Puszcza Borecka (Borkener Forst)
G. Szeska
308
Dunajek
Szeszki
Lakiele
239
Jez. Mieruńskie Wlk.
Golubie Wężewskie
Rez. leśny Cisowy Jar
Kowale Oleckie (Kowahlen)
Drozdowo
Jabłonowo
Daniele
Stacze
Wężewo
Szarejki
18
Biała Olecka
Czerwony Dwór
167
Sokółki
Żydy
Monety
Lenarty
Jez. Szwałk Wlk.
Rez. leśny Lipowy Jar
Rez. leśny Wyspa Lipowa
Zawady Oleckie
Jez. Czarne
Judziki
Jez. Piłwąg
Szwałk
Lega
Rez. leśny Mazury
Stożne
Golubki
Dąbrowskie
Jez. Łaźno
Cichy
Łęgowo
Jez. Litygajno
Niemsty
Babki Oleckie
205
Borki
Mazury
Olszewo
Sedranki
215
Dybowo
Jurki
Rogajny
Jez. Sedraneckie
Jez. Oleckie Wlk.
Ełk
Gryzy
Jez. Długie
Gordejki Małe
Orłowo
OLECKO (TREUBURG)
Chełchy
Jez. Romoty
Jaśki
Zalesie
Jez. Dobskie
Dobki
Imionki
Szczybały Orłowskie
Dunajek
Wronki
175
PGR Giże
655
Pietrasze
PGR Dunajek
Rosochackie
Orzechówko
Jez. Oleckie Mł.
Świętajno (Swentaino)
Kukowo
Sułejki
Giże
191
Czarnówka
Jez. Szóstak
Małe Olecko
Szczecinowo
Połom
Zajdy
Jez. Kukowino
Nowy Młyn
Orzechowo
Garłówko
Ślepie
Kukówko
29
Zawady Ełckie
Krzywe
Jez. Krzywe
Zatyki
Jez. Zawadzkie
Jez. Przytulskie
Gąski
Nory
Sajzy
158
Przytuły
Stare Juchy (Alt Fließdorf)
Jez. Jędzelewo
Piaski
Jez. Laśmiady
Jez. Zdresno
Kijewo
Jez. Ułówki
Chojniak
Gąsiorówko
Świdry
Jezioro Ełckie
Babki Gąseckie
204
Liski
Skup
Płociczno
Golubie
Stare Krzywe
Bałamutowo
Malinówka Wlk.
Straduny (Stradaunen)
Krokocie
PGR Grabnik
Jez. Hałeckie
Chełchy
144
Jez. Sawinda Wlk.
Oracze
Miluki
656
Jez. Dobrzyń
Królowa Wola
Grabnik
Woszczele
Wityny
Lega
115

108
B
C
1
2
3
4
5
6
Wipsowo
Jez. Wipsowo
Wilimy
Węgój
Jez. Węgój
Surmówka
Jez. Zyndaki
Jez. Gielądzkie
Bredynki
Stanclewo
Pustniki
Jez. Dadaj
Najdymowo
Choszczewo
Jez. Jełmuń
BISKUPIEC
(BISCHOFSBURG)
Ramsówko
Rukławki
Str. Gielad
Bagi
Ramsowo
Parleza Wlk.
Sadowo
Pojezierze Mrągowskie
Jez. Dąbrąg
Rzeck
Jez. Kraksy
25
16
Sorkwity (Sorquitten)
Rez. florystyczny Zabrodzie
Pał. v. Mirbachów
Jez. Lampackie
Kromerowo
Nw. Marcinkowo
Zabrodzie
Rudziska
Borki Wlk.
Jędrychowo
Jez. Pisz
Jez. Rzeckie
Jez. Lampasz
Maradki
Borows
Kamionka
Jez. Pierwój
Jez. Tumiańskie
Jez. Rasząg
Botowo
Kobułty
Jez. Piłakno
Bartołty Wlk.
Rasząg
Labuszewo
Rozogi
Jez. Dłużek
Jez. Bartołt Wielki
Dymer
Jez. Stromek
Leszno
35
Mojtyny
Jez. Dłużec
Jez. Grabowo Górne
Rumy
57
Rybno
Jez. Borówko
Jez. Ardung
Gisiel
Kozłowo
Sąpłaty
Szczepankowo
Targowska Wola
Jez. Babięty Małe
Giławy
Jez. Buczek
Łupowo
Jez. Szczepankowskie
Kałęczyn
Gar
Rusek Mł.
Jez. Ruskie
Rusek Wlk.
Małszewo
Dźwierzuty
Jez. Babięty Wlk.
Jez. Rańskie
Rańsk
Jez. Małszeweckie
Targowo
Jeleniewo
Babant
Siedliska
Jez. Arwiny
Jez. Słupek
Grzegrzółki
Orzyny
Miętkie
Jez. Miętkie
Olszewki
Dąbrowa
Elganowo
Jez. Krawn
Kościół ewangelicki
Rez. stepowy Kulka
Pasym
Jabłonka
Jez. Sasek Wielki
Jez. Łęsk
Linowo
Nw. Kiejkuty
Jez. Leleskie
Marksoby
Leleszki
Trelkowo
Jez. Starokiejkuckie
600
Jez. Gromskie
Str. Kiejkuty
Dybowo
Jez. Marksoby
Grom
Jez. Fręcki
Jez. Piasutno
Jęcznik
Romany
Zielonka
Rez. florystyczny Sołtysek
Jez. Romanek
Jez. Wałpusza
Jurgi
Jez. Sawica
Lipowa Góra
Jerutki
Kamionek
Lemany
Witowo
Jez. Domowe Duże
Zam. krzyżacki
SZCZYTNO
(ORTELSBURG)
Świętajno
Karpel
53
Olszyny
Brajniki
Nw. Dwór
Jez. Natać
Sędańsk
Muz. Mazurskie
Płozy
26
Jeruty
Narty
Jez. Brajnickie
Wałpusza
Jez. Sędańskie
Jez. Warchały
Siódmak
Rudka
Wawrochy
Niedźwiedzie
Prusowy Borek
Jez. Konieczne
Jez. Łaźnica
Jez. Średnie
Sasek Wlk.
Nowiny
Wały
Gawrzyjałki
Jez. Rekowe
Jez. Szoby Małe
Radostówka
Rez. torfowiskowy Galwanica
Szymany
Małdaniec
Sawica
Piecuchy
Jez. Konik
Rekownica
Ciemna Dąbrowa
Lipowiec
Szymanki
Zabiele
Równina Mazurska
Omulew
Wesołowo
Jesionowiec
508
Kucbork
Łuka
5 km
Głuch
Zieleniec
Księży Lasek
112

D
E
F
109
1
2
3
4
5
6
Polska Wieś
Popowo Saleckie
Jez. Czarne
Jez. Mierzejewskie
Zalec
642
Jez. Szymoneckie
Szymonka
Jez. Szymon
Muntowo
Notyst Mł.
Młynowo
Jez. Tałty
Jez. Tałtowisko
Użranki
Jora Wlk.
MRĄGOWO
(SENSBURG)
Jez. Juksty
Jez. Czos
Marcinkowo
Nikutowo
Olszewo
Woźnice
Sady
Tałty
Jez. Jorzec
Faszcze
Probarki
Karwie
Baranowo
Jez. Łuknajno
Rez. ptaków, J. Łuknajno
Jez. Wierzbowskie
Jez. Probarskie
Kosewo
Jez. Kuc
MIKOŁAJKI
(NIKOLAIKEN)
Wierzbowo
Inulec
Prawdowo
Jez. Inulec
Zełwągi
(Selbongen)
Rez. ptaków Czapliniec
Krzywe
Jakubowo
Kosewo Grn.
Brejdyny
Jez. Wągiel
Rez. florystyczny, Jez. Lisunie
Jez. Majez Wlk.
Jez. Śniardwy
(Spirding-see)
Lipowo
(Lindendorf)
Jez. Krzywe
Jez. Mikołajskie
Szklarnia
609
Mazurski
Rez. leśny Strzałowo
Piersławek
(Kleinort)
Jez. Gardyńskie
Popielno
(Popiellnen)
Piecki
(Peitschendorf)
Rez. krajobrazowy Pierwas
Galindia
(Galinden)
Dobry Lasek
Jez. Kołowinek
Bobrówko
Iznoła
Rez. leśny Krutynia
J. Warnołty
Jez. Kołowin
Kadzidłowo
Park Krajobrazowy
Nawiady
610
Cierzpięty
Rez. Krajobrazowy Warnołty
Jez. Bełdany
(Beldahn-see)
Jez. Gant
Machary
Rez. krajobrazowy Krutynia
Nw. Ukta
Onufryjewo
Końcewo
Mojtyny
Prusinowo
Jez. Mojtyny
Jez. Mokre
Gałkowo
Ukta
Jez. Wejsunek
Wejsuny
(Weissuhnen)
Jez. Nawiady
Krutyń (Krutinnen)
Wygryny
(Wigrinnen)
Rez. torfowiskowy Zakręt
Śwignajno
Nw. Kiełbonki
Krutyński Piecek
Ładne Pole
Jez. Jegocin Duży
Babięta
58
Wojnowo
(Eckertsdorf)
Kl. Staroobrzędowców
Stare Kiełbonki
Rez. leśny Królewska Sosna
Nw. Zyzdrój
Osiniak Piotrowo
RUCIANE-
(NIEDERSEE)
J. Zyzdrój Wlk.
Zgon
Jez. Zdrużno
Jez. Skarp
-NIDA
(NIEDEN)
Koczek
Pranie
Jezioro Nidzkie
(Niedersee)
Jez. Jaśkowo Duże
Jez. Kierwik
Świętajno
Spychowo
Jez. Spychowskie
Wiartel
Krzyże
Jaśkowo
Puszcza
Rez. krajobrazowy Jez. Nidzkie
Johannisburger
Karwica
Piska
Heide
Długi Borek
Turośl
Faryny
Borki Rozowskie
Ciesina
Hejdyk
Turośl
Występ
Str. Czajki
Zdunowo
Kowalik
Kwiatuszki Wlk.
Zimna
Woj. Warmińsko-Mazurskie
Woj. Mazowieckie
Wilamowo
Rozogi
Spaliny Wlk.
Łączki
Leman
Warmiak
Klon
Kanał Turośl
Ksebki
Dąbrowy
Krysiaki
Piątkowizna
Zalas
113
Wolkowe
Wejdo
Wanacja
Grzędy-Wejdo
Rozoga
Jerutka
Szkwa
Puszcza Pisz

A
B
C
110
114
1
2
3
4
5
6
Jez. Szymoneckie
Szymonka
Jez. Szymon
Górkło
144
Marcinowa Wola
Jez. Ublik Wlk.
174
Jez. Bielskie
Biała Giżycka
Jez. Buwełno
Ublik
Jez. Zielone
Jez. Długie
Olszewo
Dąbrówka
Cierzpięty
Odoje
Woźnice
Grabówek
Grabówka
Drozdowo
Pianki
Jez. Orzysz
27
Góra
134
Jez. Łuknajno
Rez. ptaków, J. Łuknajno
156
Jez. Tyrkło
ORZYSZ
(ARYS)
Strzelniki
Mikosze
Tuchlin
Okartowo
Dziubiele
Jez. Tuchlińskie
Jez. Sajno
Wierzbiny
Rez. ptaków Czapliniec
132
145
Nw. Guty
Gaudynki
Jez. Śniardwy
(Spirdingsee)
Popielno
(Popiellnen)
129
25
Kwik
Jez. Białoławki
Łysonie
Jez. Kocioł
130
Dziękałówka
Zdory
Niedźwiedzi Róg
J. Warnołty
Rez. krajobrazowy Warnołty
127
Jez. Kaczerajno
Rostki
Jez. Głębówko
Końcewo
Jez. Seksty
Szczechy Wlk.
Wejsuny
(Weissuhnen)
Trzonki
Pilchy
Jez. Jegocin Duży
Karwik
Jeglin
119
Jezioro Roś
Ruda
Zabielne
63
Łupki
168
Snopki
Maldanin
PISZ
(JOHANNISBURG)
Orłowo
Oblewo
33
16
Kocioł
Wąglik
Jabłoń
Jagodne
Str. Guty
18
Kaliszki
Jez. Brzozolasek
Jez. Jaśkowo Duże
Jez. Wiartel
Pisa
Rakowo Piskie
BIAŁA PISKA
(GEHLENBURG)
199
Wiartel
Rez. ptaków, Jez. Pogubie Wlk.
118
Kukły
Jaśkowo
Jez. Pogubie Wielkie
Liski
Kumielsk
Pogubie Średnie
28
Jez. Pogubie Mł.
Cwaliny
121
Pogubie Tylne
122
Filipki Duże
Zdunowo
Brzozowo
Okurowo
Danowo
Kiełcze Kopki
Jeże
Zimna
Wykowo
Str. Kiełcze
Wincenta
Rybnica
Leman
Bialiki
Górskie
129
130
Łacha
Rupin
Wincenta
166
Kanał Turośl
Jez. Łacha
Ksebki
Rez. leśny Ciemny Kąt
120
Kozioł
Czerwone
Str. Gromadzyn
Tyszki Łabno
Czernice
Nw. Ruda
Waszki
117
Kan. Grzędy-Wejdo
Wanacja
KOLNO
Wścieklice

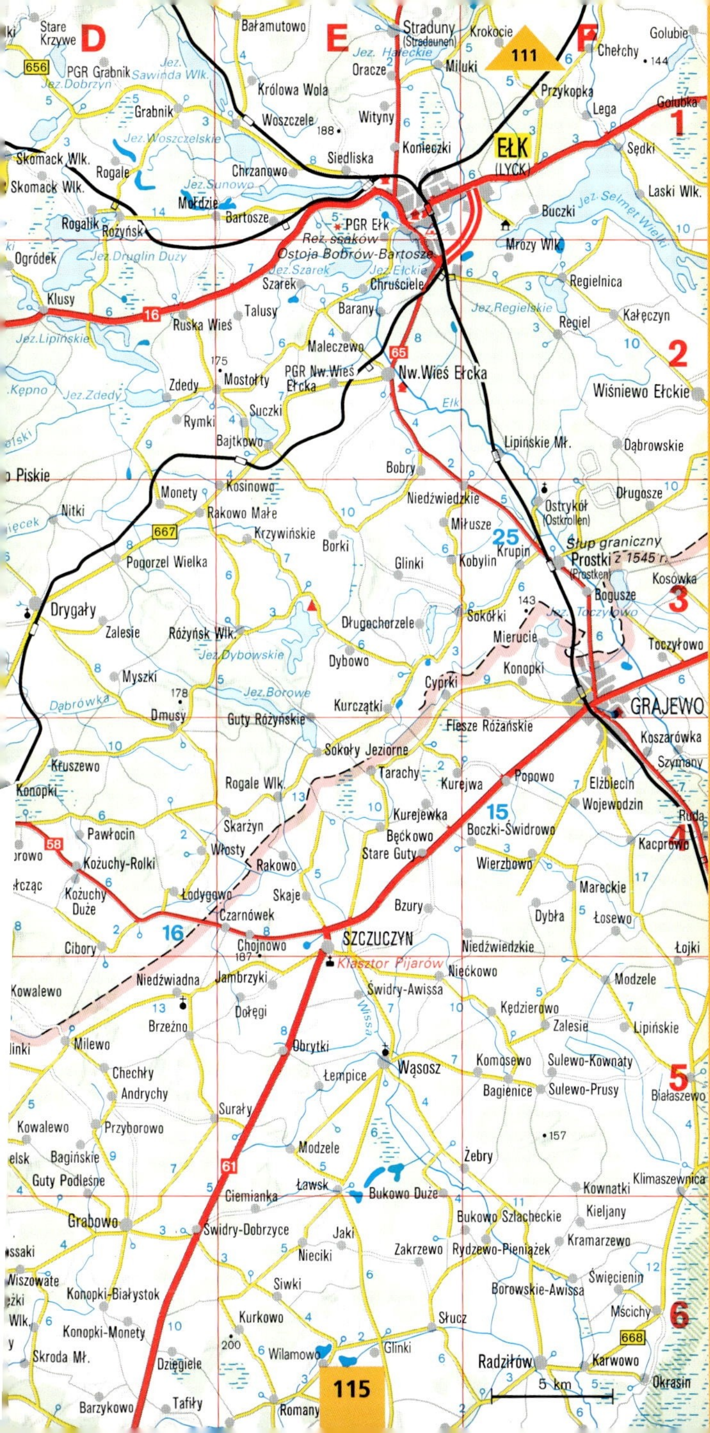
D
E
F
111
Stare Krzywe
656
PGR Grabnik
Jez. Sawinda Wlk.
Jez. Dobrzyń
Bałamutowo
Straduny (Stradaunen)
Jez. Haleckie
Krokocie
Golubie
Chełchy
144
Oracze
Miluki
Królowa Wola
Przykopka
Lega
Golubka
Grabnik
Woszczele
Wityny
188
1
Jez. Woszczelskie
Konieczki
EŁK (LYCK)
Sędki
Skomack Wlk.
Rogale
Chrzanowo
Siedliska
Skomack Wlk.
Jez. Sunowo
Laski Wlk.
Mołdzie
Jez. Selmęt Wielki
Rogalik
Bartosze
PGR Ełk
Buczki
Rożyńsk
Rez. ssaków Ostoja Bobrów-Bartosze
Mrozy Wlk.
Ogródek
Jez. Druglin Duży
Jez. Szarek
Jez. Ełckie
Szarek
Chruściele
Regielnica
Klusy
Barany
Jez. Regielskie
16
Talusy
Regiel
Kałęczyn
Ruska Wieś
Jez. Lipińskie
Maleczewo
65
2
175
PGR Nw. Wieś Ełcka
Nw. Wieś Ełcka
Kępno
Jez. Zdedy
Zdedy
Mostołty
Wiśniewo Ełckie
Suczki
Ełk
Rymki
Bajtkowo
Lipińskie Mł.
Dąbrowskie
Piskie
Bobry
Monety
Kosinowo
Niedźwiedzkie
Ostrykół (Ostkrollen)
Długosze
Nitki
Rakowo Małe
Miłusze
667
Krzywińskie
25
Słup graniczny z 1545 r.
Borki
Krupin
Prostki (Prostken)
Kosówka
Pogorzel Wielka
Glinki
Kobylin
Bogusze
3
143
Drygały
Długochorzele
Sokółki
Jez. Toczyłowo
Zalesie
Różyńsk Wlk.
Mierucie
Toczyłowo
Jez. Dybowskie
Dybowo
Konopki
Myszki
Cyprki
GRAJEWO
178
Jez. Borowe
Dąbrówka
Dmusy
Kurcządki
Guty Różyńskie
Flesze Różańskie
Koszarówka
Kruszewo
Sokoły Jeziorne
Szymany
Tarachy
Konopki
Rogale Wlk.
Kurejwa
Popowo
Elżbiecin
Wojewodzin
15
Kurejewka
Ruda
58
Pawłocin
Skarżyn
Bęckowo
Boczki-Świdrowo
4
Kacprowo
Włosty
Stare Guty
Kożuchy-Rolki
Rakowo
Wierzbowo
Kożuchy Duże
Łodygowo
Skaje
Mareckie
Bzury
Czarnówek
Dybła
Łosewo
16
Cibory
Chojnowo
SZCZUCZYN
Niedźwiedzkie
Łojki
187
Klasztor Pijarów
Niedźwiadna
Jambrzyki
Nieckowo
Modzele
Kowalewo
Świdry-Awissa
Wissa
Kędzierowo
Zalesie
Lipińskie
Brzeźno
Dołęgi
Milewo
Obrytki
Chechły
Wąsosz
Komosewo
Sulewo-Kownaty
Łempice
5
Andrychy
Bagienice
Sulewo-Prusy
Białaszewo
Surały
Kowalewo
Przyborowo
157
Modzele
Żebry
Bagińskie
61
Guty Podleśne
Ławsk
Klimaszewnica
Ciemianka
Bukowo Duże
Kownatki
Grabowo
Bukowo Szlacheckie
Kieljany
Świdry-Dobrzyce
Jaki
Kramarzewo
Nieciki
Zakrzewo
Rydzewo-Pieniążek
Wiszowate
Święcienin
Konopki-Białystok
Siwki
Borowskie-Awissa
Mścichy
Kurkowo
Słucz
6
Konopki-Monety
200
Glinki
668
Skroda Mł.
Dzięgiele
Wilamowo
Radziłów
Karwowo
5 km
Okrasin
Barzykowo
Tafiły
Romany

MARCO POLO

Für Ihre nächste Reise gibt es folgende Titel:

Deutschland

Allgäu
Amrum/Föhr
Bayerischer Wald
Berlin
Bodensee
Chiemgau/
Berchtesgaden
Dresden
Düsseldorf
Eifel
Erzgebirge/Vogtl.
Franken
Frankfurt
Hamburg
Harz
Heidelberg
Köln
Leipzig
Lüneburger Heide
Mark Brandenburg
Mecklenburgische
Seenplatte
Mosel
München
Nordseeküste:
Niedersachsen
mit Helgoland
Nordseeküste:
Schleswig-Holst.
Oberbayern
Ostfries. Inseln
Ostseeküste:
Mecklenburg-
Vorpommern
Ostseeküste:
Schleswig-Holst.
Pfalz
Potsdam
Rügen
Schwarzwald
Spreewald/Lausitz
Stuttgart
Sylt
Thüringen
Usedom
Weimar
Die besten Weine
in Deutschland
Die tollsten
Musicals in
Deutschland

Frankreich

Bretagne
Burgund
Côte d'Azur
Disneyland Paris
Elsass
Frankreich
Frz. Atlantikküste
Korsika
Languedoc-
Roussillon
Loire-Tal
Normandie
Paris
Provence

Italien Malta

Capri
Dolomiten
Elba
Emilia-Romagna
Florenz
Gardasee
Golf von Neapel
Ischia
Italien Festland
Italien Nord
Italien Süd
Ital. Adria
Ital. Riviera
Mailand/
Lombardei
Malta
Oberital. Seen
Piemont/Turin
Rom
Sardinien
Sizilien
Südtirol
Toskana
Umbrien
Venedig
Venetien/Friaul

Spanien Portugal

Algarve
Andalusien
Azoren
Barcelona
Costa Blanca
Costa Brava
Costa del Sol/
Granada
Fuerteventura
Gomera/Hierro
Gran Canaria
Ibiza/Formentera
Lanzarote
La Palma
Lissabon
Madeira
Madrid
Mallorca
Menorca
Portugal
Spanien
Teneriffa

Nordeuropa

Bornholm
Dänemark
Finnland
Island
Kopenhagen
Norwegen
Schweden

Osteuropa

Baltikum
Budapest
Königsberg/Ost-
preußen Nord
Masurische Seen
Moskau
Plattensee
Polen
Prag
Riesengebirge
Rumänien
Russland
St. Petersburg
Slowakei
Tschechien
Ungarn

Österreich Schweiz

Berner Oberland/
Bern
Kärnten
Österreich
Salzburg/
Salzkammergut
Schweiz
Tessin
Tirol
Wien
Zürich

Westeuropa und Benelux

Amsterdam
Brüssel
England
Flandern
Holländische Küste
Irland
Kanalinseln
London
Luxemburg
Niederlande
Schottland
Südengland
Wales

Südosteuropa

Athen
Bulgarien
Chalkidiki
Dalmat. Küste
Griechenland
Festland
Griechische
Inseln/Ägäis
Ionische Inseln
Istrien/Kvarner
Istanbul
Korfu
Kos
Kreta
Peloponnes
Rhodos
Samos
Türkei
Türkische
Mittelmeerküste
Zypern

Nordamerika

Alaska
Chicago und
die Großen Seen
Florida
Hawaii
Kalifornien
Kanada
Kanada Ost
Kanada West
Los Angeles
New York
Rocky Mountains
San Francisco
USA
USA Neuengland
USA Ost
USA Südstaaten
USA Südwest
USA West
Washington, D.C.

Mittel- und Südamerika Antarktis

Antarktis
Argentinien/
Buenos Aires
Bahamas
Barbados
Brasilien/
Rio de Janeiro
Chile
Costa Rica
Dominikanische
Republik
Ecuador/
Galapagos
Jamaika
Karibik I
Karibik II
Kuba
Mexiko
Peru/Bolivien
Südamerika
Venezuela
Yucatán

Afrika Vorderer Orient

Ägypten
Dubai/Emirate/
Oman
Israel
Jemen
Jerusalem
Jordanien
Kenia
Libanon
Marokko
Namibia
Südafrika
Syrien
Türkei
Türkische
Mittelmeerküste
Tunesien

Asien

Bali/Lombok
Bangkok
China
Hongkong
Indien
Japan
Ko Samui/
Ko Phangan
Malaysia
Nepal
Peking
Philippinen
Phuket
Singapur
Sri Lanka
Taiwan
Thailand
Tokio
Vietnam

Indischer Ozean Pazifik

Australien
Hawaii
Malediven
Mauritius
Neuseeland
Seychellen
Südsee

Sprachführer

Arabisch
Englisch
Französisch
Griechisch
Italienisch
Kroatisch
Niederländisch
Norwegisch
Polnisch
Portugiesisch
Russisch
Schwedisch
Spanisch
Tschechisch
Türkisch
Ungarisch

In diesem Register sind alle in diesem Führer beschriebenen Orte, Ausflugsziele und Seen verzeichnet. Halbfette Seitenzahlen verweisen auf den Haupteintrag, kursive auf ein Foto.

Schreiben Sie uns!

Liebe Leserin, lieber Leser,

wir setzen alles daran, Ihnen möglichst aktuelle Informationen mit auf die Reise zu geben. Dennoch schleichen sich manchmal Fehler ein – trotz gründlicher Recherche unserer Autoren/innen. Sie haben sicherlich Verständnis, dass der Verlag dafür keine Haftung übernehmen kann. Wir freuen uns aber, wenn Sie uns schreiben.

Senden Sie Ihre Post an die Marco Polo Redaktion,
Mairs Geographischer Verlag, Postfach 31 51, 73751 Ostfildern,
marcopolo@mairs.de

Impressum

Titelbild: Abendstimmung am See (R. Freyer)
Fotos: Colorvision: Uthoff 14, 89; Feldhoff & Martin (vorderer Umschlag links, 4, 20, 84, 90); Forum: 25, 73; Forum: J. Morek 76; Forum: M. Skorupski (vorderer Umschlag M); R. Freyer (vorderer Umschlag rechts, 1, 6, 7, 12, 26, 33, 35, 36, 41, 44, 45, 49, 52, 59, 63, 69, 72, 94, 105); HB Verlag 57; hpa: Kürtz 27; L. Janicek: 22; laif: Daams 5l, 71; Mauritius: Curtis 16; Mauritius: Mehlig 2o, 9, 11, 30, 61, 64; Mauritius: Santor 54; Mauritius: Vidler: 24; Schapowalow: Huber 2M, 86; T. Stankiewicz 5r, 28, 79, 80, 93; K. Thiele 18

4., aktualisierte Auflage 2002 © Mairs Geographischer Verlag, Ostfildern
Herausgeber: Ferdinand Ranft, Chefredakteurin: Marion Zorn
Redaktion: Karin Szpott, Bildredakteurin: Gabriele Forst
Kartografie Reiseatlas: © Mairs Geographischer Verlag/Falk Verlag, Ostfildern
Gestaltung: red.sign, Stuttgart
Sprachführer: in Zusammenarbeit mit dem Ernst Klett Verlag GmbH, Stuttgart, PONS Wörterbücher

Printed in Germany. Gedruckt auf 100% chlorfrei gebleichtem Papier

Bloß nicht!

Auch an den Masurischen Seen gibt es Touristenfallen und Dinge, die man besser meidet

Alkohol am Steuer

Ein kühles Bier *(piwo)*, ein Glas Wein zum Essen oder einen Wodka zur Verdauung sollten Sie meiden – jedenfalls, wenn Sie anschließend noch Auto fahren. In Polen herrscht promillemäßig null Toleranz. Das Verkehrs- und das Strafrecht sind sogar jüngst verschärft worden, denn die Polen gehören mit den tödlichen Verkehrsunfällen leider zu den europäischen Spitzenreitern, und viel zu oft ist trotz der Verbote Alkohol im Spiel. Verkehrskontrollen sind häufig und streng. Zwar gibt es durchaus Polizisten, die bereit sind, gegen Bares *(łapowka)* auf das Strafmandat zu verzichten – aber Ihre Brieftasche leidet so oder so...

Auf Tricks von Autodieben hereinfallen

Wenn Sie mit einem neuen oder teurem Auto oder im Wohnmobil nach Polen fahren wollen, sollten Sie tatsächlich vorsichtig sein – und mit allen anderen Fahrzeugen auf Nummer Sicher gehen und weder Wertsachen im Auto liegen lassen noch Ihr Fahrzeug auf einem unbewachten Parkplatz abstellen, wenn Sie es auf dem Hotel- oder Campinggelände bewachen lassen können. Gerade mit einem teureren Auto sollten Sie vorsichtig sein, wenn jemand versucht, Sie mit Hinweis auf eine Panne anzuhalten – oft handelt es sich um fingierte Unfälle. Fahren Sie lieber zur nächsten Polizeiwache oder halten Sie an einer belebten Straße, um festzustellen, ob an Ihrem Wagen tatsächlich etwas nicht in Ordnung ist. Nägel auf der Fahrbahn sollten Sie misstrauisch machen – die Methode platter Reifen gehört zum Standardrepertoire organisierter Diebesbanden. Vor allem in einsamen Gegenden sollten Sie die Türen verriegeln und per Handy den Pannendienst anrufen, wenn Sie so tatsächlich einen Platten beigebracht bekommen haben. Dritte häufige Methode, an ein fremdes Auto zu kommen, sind Auffahrunfälle bei geringem Tempo – kaum ist das Opfer ausgestiegen, um den Schaden zu begutachten, schnappt sich ein Komplize den Wagen.

Kreditkarten auf dem Land

Plastikgeld gilt natürlich auch in Polen. Beim Urlaub auf einem masurischen Bauernhof und dem Rückzug ins Dorfleben sollten Sie allerdings vorher klären, ob Ihr Gastgeber Kreditkarten akzeptiert. Auch viele kleine Restaurants halten an dem Motto »nur Bares ist Wahres« fest. Doch in vielen Städten und Städtchen finden Sie ohne Mühe einen Geldautomaten *(bankomat)*, um Ihre Bargeldvorräte aufzufüllen.